中华先贤人物故事汇

祖逖

胡辉 著

中华书局

图书在版编目(CIP)数据

祖逖/胡辉著. —北京:中华书局,2021.7
(中华先贤人物故事汇)
ISBN 978-7-101-15049-0

Ⅰ.祖… Ⅱ.胡… Ⅲ.祖逖(266~321)-生平事迹
Ⅳ.K825.2

中国版本图书馆 CIP 数据核字(2021)第 018501 号

书　　名	祖　逖
著　　者	胡　辉
丛 书 名	中华先贤人物故事汇
责任编辑	傅　可　董邦冠
出版发行	中华书局
	(北京市丰台区太平桥西里 38 号　100073)
	http://www.zhbc.com.cn
	E-mail:zhbc@zhbc.com.cn
印　　刷	北京瑞古冠中印刷厂
版　　次	2021 年 7 月北京第 1 版
	2021 年 7 月北京第 1 次印刷
规　　格	开本/787×1092 毫米　1/32
	印张 5½　插页 2　字数 50 千字
印　　数	1-10000 册
国际书号	ISBN 978-7-101-15049-0
定　　价	20.00 元

出版说明

　　孔子周游列国，创立儒家学说；张骞出使西域，开辟丝绸之路；书圣王羲之，留下了曲水流觞的佳话；诗仙李白，写下了"举头望明月，低头思故乡"的名篇；王安石为纠正时弊，推行变法；李时珍广集博采，躬亲实践，编撰医药学名著《本草纲目》……

　　这些杰出的历史人物，有的是在中华民族文明进程中做出过突出贡献、对后世产生过巨大影响的思想家、政治家，有的是对中华优秀传统文化的传承传播发挥过重大作用的文学家、艺术家、科学家，有的是为国家安定统一、民族融合团结和中外文化交流做出过杰出贡献的军事家、外交家……他们为中华民族的繁荣发展做出了伟大的贡献，他们的行为事迹、风范品格为当世楷模，并垂范后世。

他们是中华民族的先贤人物。他们的思想、品德、事迹，是中华优秀传统文化的结晶。他们的故事，是对中华民族的禀赋、特点和气质最生动、最鲜活的阐释。他们的名字，在五千年中华文明史上最为光彩夺目。他们为五千年中华文明史书写了最为光辉灿烂的篇章。

为了解先贤，走近先贤，我们精心组织编写了这套《中华先贤人物故事汇》丛书。以详实可靠的史料为依据，以细腻动人的故事为载体，真实地呈现中华先贤人物的事迹、品格和精神风貌，彰显他们的贡献和功绩，以激发人们对国家民族的热爱，对中华文明、中华优秀传统文化的崇敬。

开卷有益，期待这套丛书成为你的良师益友。

目 录

导读

西晋自惠帝开始，便因诸王争权而引发了长达十六年的"八王之乱"，其后果是西晋的快速灭亡和异族的趁机入侵，中原大地生灵涂炭。祖逖便是乱世中怀抱着收复故土志向的晋军将领之一。

祖逖出生于公元266年，即西晋泰始二年，范阳遒县（今河北涞水县）人，字士稚。祖逖少年时轻财好侠，性格慷慨，二十多岁时与刘琨同为司州主簿，二人因心忧国事，为后世留下"闻鸡起舞"的励志典故。当"八王之乱"开始，祖逖因才能出众而先后效力于齐王司马冏、长沙王司马乂、豫章王司马炽，历任大司马府掾属、骠骑祭酒、主簿、太子中舍人、豫章王府从事中郎。"八王之乱"结束后，晋怀帝司马炽在永嘉五年（311）被趁乱称帝的匈奴人刘聪所俘，洛阳沦陷于异族之手，时年四十六岁的祖逖率数百家亲党避乱于淮泗，被南渡建邺的晋皇室琅邪王司马睿封为徐州刺史、军谘祭酒。到建兴元年（313），四十八岁的祖逖自请北伐，在未得到朝廷一兵一卒支援的情况下，只率数百部下北渡长江，中流击楫，发誓收复中原，也由此展开了他波澜壮阔的北伐生涯。

在祖逖身上，时时显露出一往无前的气魄。不论面对割地自雄的各地坞主，还是横扫黄河以北、日后登基称帝的石勒，他都能因地制宜，充分运用谋略战胜对手。破谯郡，取蓬陂，步步为营，经过七年的艰苦奋战，终于收复河南全郡。在中国历史上，以如此微薄军力收复黄河以南的大片领土者极为罕见，这充分证明了祖逖出众的军事才能与坚韧不拔的精神品质。

可惜的是，祖逖收复河南之后，不仅得不到朝廷信任和后续支援，还引起晋元帝司马睿的猜忌，任命无尺寸收土之功的戴渊为他的上司，以牵制他，东晋内部的重重矛盾也使内战一触即发。祖逖痛感北伐壮志难酬，忧愤成疾，最终在五十六岁时于雍丘病逝。

祖逖"闻鸡起舞""中流击楫"的故事，展现了他誓复中原的豪情壮志，也带给后人奋发向上的精神力量。

闻鸡起舞

1

晋武帝太熙元年（290）四月二十一日，五匹快马从京师洛阳东门疾驰出城，取驿路直奔司州。从晌午至黄昏，五人不曾歇息，只顾打马奔驰，显然有要事在身。好在驰道如矢，并无任何难行之处。天黑之前，五人赶至司州，入城后也不停鞭，轻车熟路，催马直奔司州主簿府事官宅。

看看到主簿宅前，几人翻身下马，手牵缰绳走到近前，抬眼看着宅门。

主簿宅前的两名护卫均感诧异，也不下阶，一人拱手问道："敢问诸位何人？到此何事？"

当先之人说道："我等从京师而来，有要事见祖逖和刘琨两位主簿，快快通报。"

在宅前当护卫的素来机灵，将五人上下看看，见他们个个锦衣骏马，腰间悬剑，听其语音倨傲，心知有些来头，当下再次拱手，客客气气地说道："真是不巧了，今日两位主簿均不在宅内，诸位从京师远来，料已疲惫，不如先行休歇，明日再来。"

"明日再来？"当先之人微微一笑，"我等京师之人，小小的主簿，也敢不见？以为自己是王公贵胄不成？"话音一落，竟伸手将腰间佩剑"唰"地一声拔出，他身后四人也各自拔剑。

护卫见对方一言不合，竟欲当场动武，不禁脸色发白，赶紧说道："不敢隐瞒，两位主簿今日午时便已出城，应在东城外山中狩猎。"

那几人听得护卫如此一说，互相看看，当先之人眉头微皱，缓缓点头，说道："他二人素喜狩猎，不如我们即刻去山中寻找。"

另外四人应声说道："如此甚好。"

几人收剑入鞘，转过马头，迅速往东奔去。

宅前护卫见他们来去如风，惊得面面相觑，如今承平盛世，居然有人敢在官宅门前动手拔剑，实是闻所未闻。看他们明明不似恶匪强人，也不像奉旨而来的宫中侍卫，为何如此胆大？两名护卫终于定下心神，其中一人低声说道："两位主簿若在，动起手来，吃苦头的可就是他们了。"

2

司州处于群山环抱之中，此时天色渐暗，山影朦胧，从山中通往司州的道上冷冷清清。

一阵不紧不慢的马蹄声响起，有二人并辔而行，马上带着猎物。他们便是时任司州主簿的祖逖和刘琨。二人虽年纪尚轻，却已均有豪杰之名，尤其祖逖，在京师交游时便被人视为辅佐君王的天下之才。只是祖逖父亲祖武生前只做过上谷太守，门第不高，兼之他心高气傲，侨居阳平时虽曾被郡府举为孝廉，后又被司隶举为秀才，但祖逖都未应命。

刘琨少祖逖五岁，自幼文采出众，其父是光禄大夫刘蕃。祖逖与刘琨早都知道对方大名，原有惺惺相惜之感，当祖逖被举荐为司州主簿时，听说刘琨也同任该职，便欣然就任。二人至司州方一年，情谊日增，食同桌，寝同榻，无话不谈。二人性格慷慨豪迈，都喜习武练剑，也时常同往山中狩猎，从不需随从相伴。

当日二人打得猎物不少，尽兴而归。

刚刚踏上驰道，昏暗中见前有五骑挡在路中，马上人俱黑布蒙面，露出一双双寒冰似的眼睛。

祖逖和刘琨不禁微愣。在太康年间曾有"天下无穷人"一说，很少听闻还有强人霸径，但此刻面对的几人均黑布遮面，显是强人模样。

祖逖二人虽然愣了一下，却是不慌。祖逖淡然拔剑，喝道："你们是什么人？"

中间之人冷冷说道："你们就是祖逖和刘琨了？听说你们武艺高强，特来一试！"

话音刚落，其余四人催马便冲，手中剑寒光闪动，朝祖逖二人刺来。

祖逖、刘琨与黑衣人斗在一处。

祖逖对刘琨笑道："刚才打猎，让一只野猪跑了，正好用他们再试剑锋。"说罢，祖逖挺剑相迎，与两人格斗一处。刘琨也拔剑催马，与迎上的另两人斗在一起。蒙面人中领头的并未加入战团，只在旁静静观望。

祖逖和刘琨武艺虽高，终是以一敌二，逐渐有些难以招架。缠斗中二人俱已看出，对方虽强，却并未以性命相搏，倒还有些手下留情。祖逖血气方刚，觉察对方未出全力，心中更是恼怒，厉喝连连，每一剑都刺向对方要害。

蒙面的领头人忽然喊道："都住手！"

众人闻声停下格斗，祖逖横剑喝道："你们究竟是什么人？如此放肆，不知晋律吗？"

那人哈哈大笑，伸手将面纱取下，笑道："三弟，不认得你大哥了？"

祖逖定睛一看，竟是数年未见的大哥祖该，不觉又惊又喜，立刻翻身下马，祖该也下马走上几步，兄弟双手紧握。祖逖极是喜悦，说道："大哥，你如何到司州来了？"

跟随祖该的几人也取下面纱，上前与祖逖和刘琨抱拳相见，说道："冒犯三少爷和刘大人了。"

祖逖见那几人，俱是跟随兄长的武士，原本相熟，当下便引刘琨与祖该等人见面。

一行人上马回城，祖该说起在主簿宅前装模作样的拔剑之事，料得门前护卫受惊不小，几人又不觉大笑一番。

3

入城进宅，落座上酒之后，祖逖问道："大哥在洛阳，如何到了司州？"

烛光摇曳中，只见祖该眉头微皱，缓缓说道："此次来找三弟，是洛阳出大事了！"

祖逖和刘琨见祖该说得郑重，俱是一愣。

祖逖问道："不知洛阳所出何事。"

祖该端起面前酒杯，声音低沉说道："圣上昨日宾天了。"

这几个字一出，祖逖和刘琨都吓一跳。祖逖惊道："我们只闻陛下染疾，没想到竟然宾天了！"

祖该叹息一声，说道："世间谁人不死？不过迟早之事。再过几日，陛下驾崩之讯，便会天下皆闻，三弟可知愚兄为何急急赶来告知？"

祖逖皱眉思索片刻，说道："大哥担心朝廷出事？"

祖该微微点头，说道："不错，洛阳传闻，陛下重病之际，国丈杨骏阻挠汝南王司马亮觐见天子，如今太子即位，杨骏必揽大权，三弟可知，谁人会心中不快？"

祖逖端起酒杯，凝思说道："若杨大人掌权，贾家必然不悦。"

祖该闻言微笑，点点头说道："三弟果然说中要害，太子登基，太子妃贾南风便是皇后。三弟也知，太子妃见太子其他妃嫔有孕，便不惜取其性命，如此心狠手辣之人，必视皇太后及杨大人为眼中之钉，贾、杨两家，少不了一番血腥争斗。"

祖逖皱眉说道："朝廷争斗，也未必影响我等，大哥怎如此担心？"

祖该喝口酒说道："牵一发而动全身，何况朝廷乃天下中枢。三弟乃博经览史之人，如何会说影响不到你我？"

祖逖垂头凝思片刻，蓦然抬头，双眼陡然炯炯生光，走到桌前，说道："与大哥数年不见，实不相瞒，且不说天子宾天，便是天子尚在，弟也总觉得国家危机四伏，处处有动乱之象。"

祖该凝视祖逖，说道："三弟说下去。"

祖逖端起酒杯，却是不喝，沉思说道："贾家自恃两代功高，岂会容忍杨家势大？若朝廷争执纷起，贾、杨两家，终不过是有一家得权而已，我最担心的是朝廷一直移民实边，若胡人入境南下，他们乘机生乱，朝廷如何阻止？"

祖该缓缓点头，说道："三弟现在可知，为兄为何要试你武艺？"

祖逖闻言，心头一震，说道："大哥是担心我武艺不强，难抵来日之难？"

祖该叹息一声，起身走到祖逖身边，拍了拍他的肩膀，说道："我们兄弟六人，唯有三弟是真正的文韬武略，大哥盼你不要辜负了自己。"他伸手端起酒杯，对祖逖道："国家危机初露，迟早要用三弟，这一杯，大哥先敬你。"

刘琨也端酒站起，说道："我也来！不论朝廷如何，我等誓匡社稷！"

"誓匡社稷！"三人碰过杯，互望一眼，一饮而尽。

4

翌日午时，送走了祖该等人，祖逖和刘琨心事满腹地回到宅中。

二人谈起朝中大事，俱是心忧。

坐太子位已二十三年的司马衷乃晋武帝司马炎嫡长子，自是无人可与争锋，继位是顺理成章的。祖逖与刘琨的不安处是司马衷素无智慧，性格懦弱，难当天子重任。太子妃贾南风性情彪悍，其父贾充乃不折不扣的晋朝开国元勋，尤其弑杀魏帝曹髦之后，进入司马昭亲信之列。贾南风嫁给司马衷后，贾家更是权势熏天。而国丈杨骏则是当朝外戚集团之首。其女杨芷为司马炎皇后，杨骏因此得晋武帝宠信而掌重权，与其弟杨珧、杨济并称"三杨"，一时势倾朝野，导致贾、杨二家明争暗斗不止。如今杨骏大权独揽，贾家岂会善罢甘休？此外，被司马炎分封各地的司马氏诸王拥兵自重，一旦朝廷生乱，诸王如何应对，更令人难以预料。眼见一场权力之争已箭在弦上，祖逖虽未在朝中，也看得清清楚楚。

最令祖逖忧虑的是司马炎在位之时，推行移民实边之策，致使胡人南下。司马炎治国堪称铁腕，无人敢生异心，如今龙驭宾天，若胡人生乱，忙于争权夺利的朝廷有谁拿得出抵抗之策？祖逖与刘琨边谈边饮，俱是忧心不已。

当夜二人如往日般抵足而眠，睡至半夜，朦胧中听得数声鸡鸣。祖逖陡然转醒，见刘琨尚在沉睡，抬腿踢了踢刘琨。

刘琨睁眼，昏暗中见祖逖已然坐起，顺口问道："兄如何就醒来了？"

祖逖再次侧耳，远远又是几声鸡鸣入耳，祖逖沉着声说："听到鸡鸣没有？此非恶声。"

刘琨诧异地问："非恶声又如何？"

祖逖已翻身下床，说："大哥试我武艺，我却是敌不过二人，如今天下形势难明，我等若不勤练武艺，如何对得住大哥的苦心和我们父辈的期望？"

刘琨闻言，顿时睡意全无。

祖逖披上长袍，到墙前取下悬挂之剑，慨然说道："我们既有志报国，从今夜起，你我必得闻鸡鸣便起，不可荒废时日！"

刘琨闻言，也是精神一振，翻身下床，说："便遵兄言，你我从此刻开始，闻鸡鸣而起。"

二人来到后宅空地，见天空冷月高悬，风吹叶响，精神大振。当下相对持剑站立，蓦然间两人同时大喝，双剑对刺而出，黑暗中两柄剑锋在空中碰撞，火星迸溅！

从这日开始，祖逖二人果然每天凌晨闻鸡起舞，中宵习剑，白日读书，文武艺逐日精进。某日秋雨不息，祖逖与刘琨仍中宵起床，至雨中习剑。陡然一声惊雷炸响，二人双剑相交，祖逖慷慨说道："若到四海鼎沸，豪杰并起之时，我们必得在中原干出一番大事！"

其时秋雨加急，寒意袭人，灭蜀吞吴刚逾十载的晋朝天下，果然开始了难以阻止的大动荡。

祖逖、刘琨二人立志报国，闻鸡起舞。

离京奔丧

1

晋惠帝建武元年（304）八月初的一个黄昏，司州城已无当年繁华之状，街上处处有乞丐哀号，每家每户都笼罩着一股凋敝之气。落日西沉，两匹高头大马从城外进来，一匹马上端坐的是年已三十九岁的祖逖，另一匹马上乘坐的是祖逖的同母弟弟祖约。二人风霜满面、尘土敝衣，祖逖颔下留须，早不复当年闻鸡起舞时的青春模样。二人看着眼前景象，无不眉头紧皱。

祖约忍不住说道："如今母亲病危，三哥为何带我来司州？"

祖逖闻言不答，右手持缰绳，左手按剑把，只顾巡视周围。

一个乞丐忽然走至祖逖马前，举起一只破碗，哀声说道："这位官爷，小人已数日没有吃上一口饭了，求官爷赏赐一口吃的吧。"

祖逖勒住缰绳，也不说话，伸手从马鞍旁的食囊中取出两个馒头，递给那乞丐。

那乞丐喜出望外地接过馒头，还未离开，转眼又是十余个乞丐围上来，向祖逖乞求吃食。

祖逖神情木然，将整个食囊取下，交给最前的一个乞丐，说道："都拿去，分与众人。"

那些乞丐顿时上前抢夺。拿了食囊的乞丐却是狡狯，食囊刚一到手，转过身拔腿就跑，其余乞丐嘶喊着追了上去。

祖逖勒过马头，看着乞丐们跑远，才从胸口发出一声沉重的叹息。

祖约摇摇头，说道："三哥，这天下乞丐不计其数，如何打发得完？"

祖逖抬头看着天边暮云，缓缓说道："为兄曾在此为官。为官者，即父母也，如何忍心见他们死于饥饿？"

祖约叹道："诸王战乱不休，这些乞丐今日不死，明日也亡，几个馒头又济得几日？"

祖逖侧头凝视祖约，严肃说道："四弟何出此言？如今天下动荡，便是黎民遭殃，可恨为兄手中无兵，荡阴一战，败回洛阳，连天子也不能护持，实乃为兄胸中之痛！"

祖约见祖逖声音悲凉，也不知如何抚慰，只摇摇头，继续和祖逖策马前行。

血红的残云逐渐变黑，祖逖兄弟二人来到了当年的主簿府事官宅前。

2

当年的官宅此时已空寂无人。

祖逖兄弟将马匹拴在门前树上，迈步而入。

宅内一片幽静。祖逖寻到几支蜡烛，点燃后凝视着尘封蛛结的室内，一股发霉之气扑入鼻端。他走到当年和刘琨的居室，那张卧榻仍在，被褥却是全无，料想是被人拿走了吧。

祖逖叹口气，举烛步往后院。

院中大树依然，树下一层层落叶堆积，也不知多久没有扫过了。跟在祖逖身后的祖约早知兄长和刘琨闻鸡起舞之事，便说道："这处乃三哥与刘大人舞剑之所了？"

祖逖也不转身，只微微点头，说道："想不到转眼便是十余载过去，当年我与刘琨在此，发誓要干出一番大事，如今为兄寸功未立，还眼睁睁看着天子在荡阴被擒，真乃无用之身！"说罢，握拳朝树身狠狠打去。

祖约伸手按住祖逖肩膀，说道："三哥不必自责。荡阴一战，乃东海王指挥有误，根本不是三哥之失，何必妄自菲薄？我们今夜当多叙兄弟之情，且去屋内。"

祖逖转过身，见祖约脸色颇有容光，受其感染，点头说道："如此也好，我们数年未见，四弟一直在母亲身边尽孝，为兄累年四处奔波，忠孝两失，难得今夜无人相扰，正好与四弟联床夜话。走，我们进去。"

3

回到内室，兄弟二人相对而坐。祖约从包裹内取出一些冷酒冷食，在烛光下饮谈。

祖约这些年一直在成皋任县令，眼见母亲病危，心中甚急。其时，祖家六兄弟中，只知大哥祖该在范阳故宅养病，其余几人都不知乱世中在何处栖身。闻得东海王司马越挟惠帝北征邺城，三哥祖逖也在军中，心中大喜。然而没多久就传来朝廷大军行至荡阴时，被成都王司马颖部将石超率军击败，连惠帝也身中三箭，被擒至邺城的消息。祖约闻讯大惊，终于从几个逃至成皋的败兵口中打听到祖逖退回京师之讯，便赶紧前来洛阳，想与祖逖一同赴成皋侍母。兄弟二人相见，感慨不已，祖逖想起青年时立下的壮志，忍不住和祖约再来司州旧地，以觅往日豪情。

二人把酒相谈，祖约才知祖逖这十年来的经历。

果如祖逖先前所料，自晋惠帝登基以来，皇后贾南风不欲太傅杨骏掌权，于元康元年（291）三月联络汝南王司马亮和楚王司马玮讨伐杨骏，待夷灭杨氏三族之后，又矫诏司马玮，诛杀司马亮和卫瓘两名辅政大臣。不料，司马玮剑上血迹未干，自己又在六月被贾南风捕杀。自此贾南风大权独揽，直到八年后杀太子司马遹之举引来赵王司马伦、齐王司马冏的举兵征伐。司马伦毒杀贾南风之后，又顺势独揽大权。

朝廷生变，自然天下动荡。

永宁元年（301），自以为掌控朝廷的司马伦悍然篡位称帝。翌日，他将尊为太上皇的惠帝软禁到改名为永昌宫的金墉城，仅过七日，司马伦又将未满五岁的惠帝之孙司马臧暗杀，以绝后患。讯息传开，齐王司马冏于三月间檄传各州郡，讨伐司马伦。其时，成都王司马颖，河间王司马颙，常山王司马乂，豫州刺史李毅，兖州刺史王彦，南中郎将、新野公司马歆等聚兵数十万响应。当司马冏等人攻入洛阳，迎惠帝复位后，遂将司马伦及其党羽义阳王司马威、九门侯司马质等尽数诛杀。

原以为天下将恢复太平之际，率军入洛阳的齐王司马冏自恃传檄起兵，居功首位，成司马伦之后又一权倾朝野之人，其骄奢苛暴，再引京师震荡，反使得托辞出宫、回镇邺城的成都王司马颖变成众望所归。当河间王司马颙于翌年（302）十二月以齐王"窥视神器，有无君之心"为名起兵时，司马颖及新野王司马歆、范阳王司马虓一并会同洛阳，被逼离京的司马冏在南止车门被长沙王司马乂攻杀，朝权落入司马乂之手。到第二年八月，司马颙与司马颖又举兵征讨司马乂。司马乂在多次击败司马颙之后，留守朝中的东海王司马越却反戈一击，囚禁司马乂，致使后者被司马颙部将张方抓至营中烧死。

随后掌权的成都王司马颖未留京师，以皇太弟之名在邺城遥控朝政，日渐骄横，引发众怒。司徒王戎、东海王司马越、高密王司马简、平昌公司马模、吴王司马晏、豫章王司马炽、襄阳王司马范、右仆射荀藩等遂于建武元年（304）七月统大军拥惠帝北征。司马颖闻讯，遣大将石超迎战，二十四日，朝廷六军于荡阴不敌石超，惠帝被擒。当时在豫章王司马炽麾下的祖逖独木难支，乱军中救下司马炽，率残部返回京师。

兄弟二人剪烛夜话，谈起这十年动荡，无日不生灵涂炭，禁不住悲愤莫名。

祖约说道："诸王兴兵，一直未闻三哥参与。"

祖逖喝口酒，将酒杯往桌上一顿，叹息说道："这几年为兄四方飘荡，先后在齐王和长沙王手下效力，原本想救民于水火，不想这二位王爷都只想夺取朝权，并无救民之心，实不值追随。后见豫章王年少，从不参与兵乱，前岁来函相召，便去了豫章王府。"

祖约闻言倒是有些意外，说道："三哥文武兼备，本该趁此时机一展抱负。"

祖逖苦笑一声，摇头说道："四弟虽未在京师，又岂会不知，众王自相残杀，海内纷争，无非觊觎至尊权柄，有谁当真在意黎民之苦？"说罢，祖逖端起酒杯，又一口饮下，续道："今成都王怀不臣之心，连不涉外事的豫章王也被激怒起兵，我原以为此次兴兵之后，终将天下太平，不料荡阴失利，眼见时局更乱，实不知前途几何！"

祖约大受感染，伸手过去，将兄长之手握住，说道："如今乱世，也不知何日才能散尽烽烟。三哥是有用之身，以后无论欲做何事，小弟一定鼎力相助！"

祖逖闻言，轻声一叹，说道："诸王兵乱，这豫章王府也不是为兄所待之处了。刚回洛阳之时，范阳王、高密王、平昌公竟先后来召，但我实不欲再追随任何一人。"

祖约倒是有些担心，"三哥拒绝，会不会惹出祸事？"

祖逖嘴角一笑，随即敛容说道："今番祸事只在天下。诸王如何，为兄尽知，为兄最担心的却不是诸王，而是如今身在左国城的刘渊。"

祖约颇感意外，说道："如今天子被擒，难道三哥不怕天子遭遇不测？"

祖逖摇摇头，"在诸王眼里，天子可废不可害，只会挟之以令天下。然今在左国城的刘渊本是胡人，其志不小，实乃不甘人下的枭雄，如今天下大乱，偏偏他又被任命为北部单于，眼看他势力聚起，归附的异族甚多，为兄所患，便是刘渊迟早会祸乱中原。"

祖约闻言，颇有些不以为然，毕竟刘渊的北部单于之位乃成都王司马颖所授，只忍不住长叹一声，"真不知何日方能再复太平！"

祖逖提起壶，欲再满杯，然而壶中却是无酒了。他遂将空壶放下，起身走到窗前，沉思片刻后说道："时候不早了，我们明日回洛阳，为兄稍作收拾，便与四弟同赴成皋，在母亲身边尽些孝心。"

4

如今的京师洛阳连年遭诸王争权生乱，哪里还有当初的太平景象？全城处处严兵把守，人人提心吊胆，总觉头顶乌云不散，随时会再来一番动乱。

祖逖兄弟二人刚回洛阳，便接成皋家信，称母亲病体难支，已然去世。祖逖兄弟又惊又悲。原来母亲疾病虽重，原可支撑一些时日，却不料见祖约离开成皋，母亲顿觉身边无子，不肯再喝汤药，在祖约离成皋两日后便亡。

祖逖眼见祖约大恸，上前按住祖约肩膀，沉声说道："徒悲无用，我们即刻往成皋葬母！"

说罢，祖逖立刻动手收拾，打上两个包裹，出门挂于马鞍之侧。

祖约走至马前，才想起什么似的，问道："三哥不与豫章王辞行？"

祖逖摇头道："我已写好书信，待我出城，自会有人送去。"兄弟二人翻身上马，提起缰绳，马鞭往马臀上一抽，往外便出。

刚至城门，听得后面有人大喊："请祖将军留步！"

祖逖闻言，勒马而定，转身去看。

只见一军士满脸焦急，催马赶来。到得近前，那军士落马拱手，说道："小人乃东海王府人，奉王爷之命，请将军前往东海王府。"

祖逖眉头微皱，沉声说道："可知东海王何令？"

那军士知祖逖性格刚硬，素来只服心折之人，不买官家之账，当下仍拱手说道："东海王拟命将军为典兵参军、济阴太守。恳请将军随小人前往王府。"

祖逖扬起马鞭答道："你去回禀王爷，就说祖逖蒙王爷错爱，原该效力，只是方得我母去世之讯，祖某得赶回成皋守孝，实是无法应命。"他又眼望祖约，说道："我们走！"勒过马头，继续往城外奔去。

那军士叫一声"祖将军……"不知该如何说下去。

祖逖更不回头，催动马匹，和祖约一前一后，离开洛阳，取东向驰道，往成皋而去。

因变避乱

1

永嘉五年（311）五月末的一天，范阳城外的空旷之地，三百名青壮武士列成两队，各自持矛，摆成方阵，互相凝视。

长袍悬剑、鬓角已雪的祖逖缓步在中间走过，停下步后，看看两边武士，提声说道："如今天下大乱，中原百姓流离失所，自元康三年（293）开始，鲜卑宇文氏、慕容氏等异族割据称王，尤其匈奴刘渊，竟然僭称天子，屡次进逼洛阳。今日刘渊虽亡，其子刘聪杀兄夺位，实是更为凶残，我们俱为祖氏宗族之人，世受国恩，当扶社稷之危。祖某到此已逾四载，本想率军驰奔洛阳，可现下连简单阵法也数月不能练熟，如何会是刘聪之敌？"

说罢，祖逖左右一望，喝道："祖约、祖涣，你们出列！"

左边的领队之人祖约神情羞愧，走上几步。

右边的领队之人是一弱冠少年，正是祖逖的儿子祖涣。听到父亲下令，祖涣走出队列。

祖逖看着弟弟和儿子，满脸怒色，喝道："你们是如何练阵的？"

祖约嘴唇嚅动，终是不敢回答。祖涣拱手说道："父亲，孩儿每日都悉心督练……"

祖逖打断道："悉心督练，却还是未见效果？刘聪手下，百战之师有数十万之多，我们无朝廷拨兵，只有这族人数百，若不能以一当十，甚至当百，如何能上阵杀敌？今日再练上两个时辰，谁也不许休息！"

祖逖狠狠瞪视儿子一眼，大步离开。

祖涣和祖约见祖逖生气走远，互相看看。

祖约见祖涣神情沮丧，便劝说道："你爹心

急，乃忧虑所致，我们再来！"

当下祖约和祖涣传令，两边武士一阵纷喝，互相交起手来。

股股尘埃在众人脚下腾起，又被浩荡无际的秋风吹得无影无踪。

2

山风吹拂，明月低悬，祖逖独自在长兄祖该坟前祭拜，凝视拱起的墓顶，久久不动。

听到身后脚步声过来，祖逖也不回头。

待脚步声在身后停下，祖逖仰首望月，径直问道："今日练阵如何？"

祖约上前至祖逖身侧，说道："今日众人齐心、协力，三哥放心。我见三哥未在房间，料在此处，便和涣儿过来看看。"

祖逖背手踱步，说道："此阵难练，我如何不知？只是天下变化横生，时不我待。昨日接到京师来讯，因东海王薨亡，太尉王衍率十万大军，上月送东海王灵柩回封国，在苦县宁平被刘聪部下石勒轻骑追上，十万晋军，竟无一人得存。眼见洛阳岌岌可危，我们得尽快前往京师。"

祖约闻言，吃惊说道："十万人马，全部被石勒击杀？"

祖逖缓缓点头，"如今我朝已无可战之兵，洛阳危矣！"

祖约不敢相信地说道："三哥之意，用我们这三百部曲援助京师？"

祖涣毕竟年轻，不待祖逖回答，声音响亮地抢道："爹爹下令，孩子当请命先锋，与石勒一战！"

祖逖侧头凝视祖涣一眼，微笑道："涣儿有志气，可你从未亲历战阵，如何懂得战场究竟是怎么回事。"他停一停，又看向祖约续道："父亲去世甚早，我们兄弟数人一直以长兄为父。在成皋葬母守丧方毕，又闻大哥病重，回到范阳也已四载。今成皋陷于石勒之手，长兄也已去世，想起他曾往司州督我之事，实是感伤。"说到这里，祖逖不禁长叹一声。

祖约也看着祖该坟头，叹息道："母亲葬于成皋，长兄葬于范阳，恐怕只能等天下太平，方能再来祭拜他们了。"他凝视祖逖，继续说道："如今豫章王即位，三哥曾为豫章王效力，天子十分赏识三哥之能，不如我们早去京师，或能委以重任。"

祖逖摇摇头，"四弟想得太简单了，若朝中之事都能如你我所料，天下岂会乱成今日之局面？"他转身面对二人，蓦然目光一炯，说道："无论怎样，京师乃天子所在之地，若被刘渊攻下，中原便亡，我们尽快前往洛阳！"

祖约一惊，祖涣却是一喜，两人的回答倒是异口同声，"好！我们前往洛阳！"

祖逖沉思片刻，又抬头说道："再给你们一月时间，一定练好阵法。此阵法乃蜀汉丞相诸葛孔明遗下的八阵图，若是练成，百人可敌千人，今兵士演阵尚未精熟，若贸然开战，无异于以卵击石。"

3

匆匆过得半月，京师再无消息传来，祖逖连日思虑，准备再派人前往洛阳打探。尚未选定遣出之人，有军士过来禀报，城外有五六十名晋军，军容狼狈，带队之人自称韩潜，欲见祖逖。

祖逖吃了一惊。韩潜原是吴王司马晏部下一名低级将领，曾参与荡阴之战，和自己有数面之交。听得韩潜来见，祖逖虽觉意外，也知必有重大讯息，当即迎韩潜入城。

来人果然是韩潜。祖逖见他衣甲不整，脸上的血迹也不知是自己受伤所致的还是他人所溅。

韩潜一见祖逖，单膝跪地，抱拳说道："祖将军，你果然在范阳！"

祖逖急步上前，扶起韩潜，"韩将军快快请起，是否洛阳有讯？"

韩潜站起身来，流泪说道："京师已落入刘聪之手了！"

祖逖忍不住"啊"的一声惊呼，一把将韩潜手腕捉住，厉声喝道："此事当真？"

韩潜摇头说道："如何不真？韩某侥幸逃得一命。如今已无处可去，闻得将军在此，便赶来投奔，望将军收用！"

祖逖双眼圆睁，终于沉声说道："请韩将军告知京师详情。"

韩潜当下便将京师之变逐一道来。原来刘聪于六月遣大将军呼延晏率领两万七千人马再犯洛阳，同时命始安王刘曜、东莱公王弥、石勒兵分三路，与呼延晏呼应。这一次，兵微将寡的晋军再也无力抵御，洛阳城破，晋怀帝司马炽被敌军俘虏。

祖逖闻言，只感手足冰凉，韩潜仍继续说下去。占领洛阳的刘曜随即将太子司马诠、吴孝王司马晏、竟陵王司马楙、右仆射曹馥、尚书闾丘冲、河南尹刘默等大臣尽皆屠毙，三万多士民丢掉性命。不仅洛阳的各个陵墓遭掘，乱兵还将晋室宫庙、官府都纵火焚烧，随后又将怀帝以及传国玉玺送往平阳。

祖逖听韩潜说完，握拳落座，狠狠往桌上一捶，咬牙道："可恨祖某无可用之兵，难以收复洛阳。"

韩潜拱手说道："祖将军，京师已亡，石勒很快便会率大军至此，我们不能坐以待毙啊。"

祖逖抬头凝视韩潜，"说得不错，我们得速速离开。"

说罢，祖逖抬头命身旁军士传祖约和祖涣

来见。

看着祖约、祖涣、韩潜三人在面前站立，祖逖一字一顿地说道："我们即刻收拾，暂避石勒兵锋。"

"爹，"祖涣说道，"我们去哪里？"

祖逖缓缓说道："如今只有南下一途。琅邪王司马睿五年前渡江至建邺，安东将军王导正尽心辅佐，如今北方不能留了，我们先且到江南栖身，恢复元气后，再行北征！"

祖逖当即下令，三百部曲与韩潜的部下汇合，一同南迁。又见部曲中家眷甚多，心知今日离开，不知何日才能回来，当即再令，有家眷的部曲携家眷同往江南。

三百部曲的八阵图虽未大成，但基本动作却已训练得十分纯熟，很快结成一支秩序迥然的军旅。祖逖一声令下，家眷乘车，有马的乘马，其余尽皆步行，即日离城。

众人闻得京师沦陷，无不大悲，又想起江南太平，不由激起对来日的隐隐指望。

此时中原已无处不乱，百姓为了活命纷纷逃往江南，也有不少人途中落草为寇。祖逖率众风餐露宿，避开石勒大军，翻山越岭而行。到山高林密之地，免不了遇上强人。那些人如何是祖逖等人对手？盗首被诛之后，其余匪众也无不受祖逖的大义感召而转投其部下。南行路上，祖逖处处身先士卒，粮药衣物也尽皆分与士卒及随军家眷，部曲中无论老幼，无不大感其德，甘愿跟随。

数百人披星戴月，终于到达江东泗口之时，已是深秋十月，祖逖手下军士不但没有减少，反而增至六百余人。看起来他们人数有限，但是这些人却经沿途磨砺，已成长为一支令行禁止的敢战之师。

中流击楫

1

与中原大乱的景象不同，泗口未经兵乱，稍显祥和。在三国时期，江东便是孙吴君臣着力经营之地，烟柳繁华。只是今日避乱而来的百姓甚多，当地官员应接不暇。当祖逖抵达泗口的消息传开，身在建邺的琅邪王司马睿立即派人过来，先授祖逖为徐州刺史，又授其军谘祭酒之位，命祖逖渡江，驻扎京口。

方才安定的祖逖欣然应命，率部曲渡江驻扎。

北临长江、南据峻岭的京口乃重要军事要冲。

祖逖自然明白，司马睿命自己驻扎该地，实是委以重任。在抵达京口的当日，祖逖便传下将令，命跟随自己南下的部曲即刻进行训练。他看得十分清楚，刘聪、石勒等人在中原横行，无人可抗，尤其怀帝被擒，晋室名存实亡。自元康元年（291）开始，司马氏诸王因争权导致天下大乱，又因争权在二十年后丢掉中原，僭号称帝的刘聪如何会放弃一统天下的良机？

祖逖无时不在关注着北方的时局，拿下洛阳及豫州各郡的石勒已兵屯葛陂，下令制造船只，有渡江南下、攻取建邺的打算。祖逖部下人数虽寡，战力却强，只是石勒军力正盛，若渡江来攻，江南实是难以抵挡。

身肩重任的祖逖日日带祖约、祖涣、韩潜及十余名亲信前往江边巡视。

此刻的江南，已得司马睿五年整治，尤其在王导及其堂兄扬州刺史王敦的并力扶持下，颇得南方世族之力。然而晋室脚跟虽已站稳，但军力却捉襟见肘，尤其王敦刚刚平息江州刺史华轶叛乱，实力已然遭到削弱。

祖逖一行沿江策马，只觉秋风吹面，大江苍茫，天边乌云汹涌翻滚，似上古巨兽压城欲摧。

祖约似是看出祖逖心中所想，叹息一声，摇头说道："我方士气不振，石勒若是此刻渡江，恐怕难以抵挡。"

祖逖不答，眼望长江，见水天相接，秋风巨浪，劲烈无比，几人衣袍被吹得上下翻飞。

祖逖凝神片刻，忽然说道："南方深秋从来大雨不息，看这天象，怕是有骤雨将下。"

祖约等人不知祖逖说到天气有何意味。不过，他们与祖逖朝夕相处已久，素知其说话往往颇含深意，祖约当即说道："不知三哥此言何意？"

祖逖再观片刻，将手中马鞭一扬，指着大江说道："实乃天佑我朝！石勒北人，原本不熟水战，若大雨连绵，他即便造得战船千艘，也必不敢渡江。江南终有整军之机了！"

此言一出，祖约等人俱感意外。

韩潜忍不住说道："依将军之意，石勒大军会因雨而放弃南征？"

祖逖微微一笑，说道："为将者，当观天文地理，大雨若来，水势便猛，舟行难稳，石勒如何敢轻易渡江？他虽兵多将广，却不得天时，只要大雨不息，石勒兵到江边，便成危势，他只能撤军北上。”

祖逖说得斩钉截铁，但众人心中均是半信半疑。

祖逖又以深思熟虑的口吻继续说道：“石勒乃当世枭雄，不会久居人下；更何况，刘聪为匈奴，石勒为羯人，刘聪数次封其大将军之职，而他都推脱不就，这岂是自谦之举？他攻下洛阳之后，便诛杀王弥，吞其部下，刘聪难道会眼睁睁看着石勒坐大？还有与石勒同取洛阳的刘曜，身为刘渊养子，素与石勒明争暗斗，相互不服。石勒若不渡江，我们可观北方生变。”

祖约等人闻言，面面相觑，实不敢相信石勒会反叛刘氏。

祖逖不等回答，继续策马。几人再巡视片刻，便转马回营。

果然未过多时，大雨倾盆而下。这场大雨连绵之久，竟远超祖逖所料，连下三月未止。

石勒果然没有渡江。祖逖一边练兵，一边招贤纳士，卫策、董昭、殷义、童建等文武之才陆续聚于祖逖麾下，京口军营，渐成气象。

2

大雨终于止息，祖逖长舒一口气，他知石勒未能一鼓作气，已失去渡江的最佳时机，更何况，司马睿于半月前征召江南诸将会集寿春，有意主动进攻石勒。祖逖身在的京口乃重地，未被征召。倒是司马睿闻得祖逖兄弟同在京口，文武张弛，颇不安心，遂王命征召，将祖约引为掾属。

祖逖虽不舍祖约，倒是心生一计，派卫策送祖约前往寿春司马睿军中，同时授计给卫策。

半月后的一日，夜幕降临，祖逖从军营回府，刚刚用过晚餐，门外军士便进来通报，卫策在外求见。

祖逖颇为诧异，司马睿与石勒战事方启，怎么这么快就回来了？当下命卫策进府。

卫策走进房间，祖逖一边命坐，一边诧声问

道："如此快便回转，战事如何？"

卫策见祖逖站着，也未落座，脸上神色在喜悦中显得有些迷惑，他拱手说道："琅邪王屯军于寿春，探得石勒命其养子石季龙率两千骑兵来阻我军。末将依照将军之计，命江南运米布之船数十艘前往巨灵口，石季龙果然中计，其军遭数月大雨困扰，军士饥寒，疫病横生，见到船只，只顾争抢。我军伏兵尽出，在巨灵口大败石季龙。石季龙残部败退百里，我军大胜！"

祖逖闻言，大为振奋，来回走动，一连说了几个"好"字，然后猝然停步，凝视卫策说道："既然取胜，琅邪王必乘胜进军，你怎么回来了？"

闻言，卫策摇头说道："末将也觉诧异，全军都待琅邪王下令追杀残敌，与石勒决一胜负，不想琅邪王却虑石勒前方有伏，下令班师。末将见战事结束，便赶来禀报将军。"

祖逖闻言，长声一叹，一边踱步一边说道："石勒因天雨贻误战机，士气已折，其部饥疫流行，难以大战，他便是设伏，又岂能抵挡我方锐气？此役放过石勒，实乃纵虎归山，后患无穷啊。"说罢连连摇头。

沉思片刻之后，祖逖又皱眉说道："琅邪王也不是没有退军之理。"

卫策一愣，说道："末将不明，将军所言是指……"他没有说完。

祖逖道："琅邪王南渡建邺，原是要为晋室留得江南之地，他若是即刻北上，江东士族势大，未必会尊奉皇室。琅邪王班师，料是心中有这一层隐忧，今日已挫石勒骄横之气，琅邪王不涉险境，未尝不可。"

卫策闻言，点头说道："将军之言，甚是有理，如今对琅邪王来说，最为重要之事乃是江南无虞。末将与石季龙部交锋，对方虽受饥疫之苦，仍剽悍异常，我军真要与石勒大军对阵，也并无十分把握。"

祖逖缓缓点头，走至窗前，轻叹一声，说道："敌军势大，我军宜养精蓄锐，且观北方之变，祖某有生之年，必当北伐，复我中原！"

3

如祖逖所料，经巨灵口一战，石勒兵锋不再南下。祖逖由此赢得时间，在京口练兵。此时司马睿坐镇建邺，以顾荣为军司马，贺循为参佐，王敦、王导、周颉、刁协等人为股肱心腹，实礼名贤，存风问俗，江东已成归心之势。

北方却始终战乱不断。晋怀帝虽然被虏，中原之地，尚有并州刺史刘琨、渤海公段匹磾、冀州刺史邵续、北中郎将刘演、南中郎将王含、东夷校尉崔毖等北方诸镇仍奉晋室，与刘聪的汉军周旋，尤其刘琨，更被石勒谋士张宾视为大敌。张宾老谋深算，见石勒巨灵口兵败之后，司马睿不敢追击，料知他不敢轻易北上，遂为石勒定下取邯郸、灭襄国（今河北邢台），然后依山凭险，扫灭群雄，以成帝业的谋略。

石勒依计向刘聪上表，率军进驻襄国，又命诸将攻击冀州各郡，掠粮积聚。刘聪不察石勒用心，终于在永嘉七年（313）二月将怀帝君臣处死。消息传出，年仅十三岁的吴敬王司马晏之子司马邺于四月二十七日在长安即帝位，改元建兴，是为晋愍帝。四个月后，历经千辛万苦的晋愍帝殿中都尉刘蜀终于携圣旨来到建邺。晋愍帝旨意有二，一是任命司马睿为侍中、左丞相、大都督陕东诸军事，二是命其起军二十万，攻复洛阳。

已知中原不可为而一意偏安江东的司马睿自然不能对圣旨视而不见，尤其南下的皇室和士族甚多，北伐之声时有起伏，只是皇室、士族徒有北伐之心，却是人人皆知，以江东今日之力，尚非刘聪、石勒之敌，另外以王敦、王导为核心的王氏家族占据高位，也无意北伐。司马睿左右为难，接旨后即召群僚商议。

此时的司马睿身边，文以王导为首，武以王敦为先。二人坐于文武首位，都是一声不吭。

其余人见王氏二人不言，也都默不作声，文武齐聚的大殿内，一时竟鸦雀无声。

从京口奉命来议的祖逖再也按捺不住，起身拱手说道："大王当奉旨北伐！"

此言一出，众人同是一惊，所有人都侧头看向祖逖。

司马睿正盘算如何说江东实力不够，尚未到北伐之时，忽见祖逖起身说要北伐，他惊讶抬头，定了定神说道："祖将军素有大志，本王敬重，只是北伐一事非同小可，江东兵力不够，未知祖将军有何奇策？"

　　祖逖扫视殿内众人一眼，沉着说道："今天子孤守长安，若不奉旨兴兵，岂不失天下之望？"

　　司马睿尚未回答，端坐群僚首席的王导已缓缓开言："祖将军胸怀大义，果然不失丈夫之志。兴复朝纲，原本天下人臣之愿。只是将军可知，如今江东自保尚难，若贸然出兵，只恐难敌贼寇。"

　　祖逖微微一声冷笑，眼睛径直望着司马睿说道："晋室之乱，非圣上无道而引下怨，实乃诸王争权，自相诛灭，才使得戎狄乘隙，流毒中原。如今江南拓定，欲北上奋击者比比皆是，今圣上来旨，正是大王大展鸿图之时！"

　　祖逖声音慷慨，引得在座众人一阵交头接耳。

　　司马睿看看王敦，后者却闭目不言，似乎没听见祖逖在说什么。

　　待群僚议论渐息，司马睿抚须说道："依将军之意，何人可为北伐之将？"

祖逖双手抱拳，朗声说道："祖逖愿为统军之将！"

司马睿又说道："且听将军之策。"

祖逖道："中原贼寇横行，百姓备受蹂躏，无不引颈以待王师。北伐乃顺天之举，大王若命祖逖率众渡江，八方豪杰必闻风而动，有此人心可恃，何愁国耻不雪，愿大王早图！"

群僚再次一片议论，很多人暗觉祖逖之言可取。

司马睿再次眼望王敦和王导，见二人微微点头，当下走过几步，大袖一挥，声音也变得激昂起来，"好！难得祖将军有此慷慨之志！本王特加封你为奋威将军、豫州刺史，给千人粮饷，三千匹布，以作北伐之资。"说到此处，司马睿面露难色，迟疑地续道："只是江东军力，将军也知，本王再难给将军拨出军士，一应军资，都有赖将军自行筹措。将军觉得是否可行？"

说完这句，司马睿又侧眼看看王敦，后者仍是闭目，微微点头。

祖逖慨声说道:"谢过大王!祖逖南渡之时,有数百余家部曲,合六百军士,今在京口练军二载,祖逖便率这六百部曲北上!"说罢,对司马睿长揖一礼,"祖逖辞别大王!"再不多言,更不看座中群僚一眼,转身大步出殿。

4

长江烟波浩渺,滚滚东去,江面狂风吹荡,激流汹涌。

祖逖站立船头,回头见京口已远。自己这两年苦等北伐之机,此时却才知道,司马睿等人从未有进取中原之想,似是惧怕石勒,又似是一意偏安。江东地广民富,哪里还在乎收复失地?北方黎民涂炭,似是与他们无关。想到万民流离,祖逖胸口热血沸腾。司马睿未给一兵一卒,但这又岂能阻止自己复土之心?

在祖逖身后,祖涣、卫策、董昭、韩潜、殷义、童建等人俱手按剑柄,昂然站立。祖逖再左右望去,六百部曲分乘二十条战船。这些船只也是祖逖亲自散资所造。在刘聪、石勒大军横行的中原之地，六百军旅不过是沧海一粟，祖逖却是深知，两年训练下来，这六百部曲均能以一当十，至为重要的是军中弥漫着一股众志成城的奋发之气。

兵者有气，便有一往无前之勇。

祖逖眼望长天，忍不住喃喃说道："今日终在北伐之途了。"

韩潜在侧，仍是愤愤不平地说道："琅邪王命将军北伐，竟然不予铠仗，这岂非不想将军成功？"

祖逖侧头看看韩潜，又正视前方，摇手说道："不必如此想，如今江东时有叛乱，琅邪王留兵以作对应，乃是令我等身后安定。北地人心思晋，我等且奋勇杀敌！"

众人闻言，俱是心头振奋。

此时船入江心，白浪四起，群舟越过浪峰，处处旗随风响。

祖逖转身面众人说道："祖逖此去，若不能平定中原，驱贼逐寇，便如这万里长涛，一去不回！"

祖涣等人被祖逖之言激起壮志，同时拱手，

朗声说道："我等誓随将军！驱贼逐寇，收复中原！"

祖逖再次面对长江，狠拍楫身，高声说道："不复中原，誓不回返！"

这八字一转十，十转百，只听二十条战船的所有将士都在激昂回应，"不复中原，誓不回返！"

大江磅礴，激流往东，二十条战船乘风破浪，驶向北岸。

祖逖率手下家将渡江北上，誓要收复中原。

募兵铸器

1

当日，祖逖船队抵达京口北岸。

将士们登岸后，随当地迎接官员前往事先准备的营地。

沿途民众早奔走相告，闻得祖逖渡江乃是北伐，无不欢呼，不少青壮之人自行前往祖逖营帐，要求参军。祖逖见人心尽思北伐，心中激动，当下命督护董昭列下名簿，选人入伍。一夜下来，竟是收录四百余人，军士一夜逾千。

祖逖命董昭与祖涣出去安置新增士卒，又对卫策、殷乂等人说道："人心思晋，果然不错，这些新得之士，可集中训练数月。"

殷乂惊讶说道："我们既已渡江，前方便是苦战，哪里有时间来训练新卒？"

卫策也觉不可思议。

祖逖微笑道："有一事我还没说，我们今日渡江，在此处暂歇一夜，明日启程前往淮阴。军旅在淮阴修整数月，诸将当全力练军。"

卫策拱手说道："为何要在淮阴修整数月？自将军请令北伐，我们在京口造船整兵，已不需再往淮阴休整。末将此刻只想马不停蹄，与石勒决战。"

祖逖眼望卫策，缓声说道："与石勒决战，恢复中原，乃祖某毕生之志，只是此次出征，大王未予铠仗，我军人马虽精，然而规模尚小。淮阴铁器甚多，我们先驻于淮阴，一则为全军打造器械，二则继续招兵买马。另外……"祖逖眼露沉思之色，续道："今大王命我为豫州刺史，邺城中郎将刘演也早命流人坞主张平为豫州刺史，只是祖某尚在京口，张平也在谯郡（今安徽亳州），都徒负豫州刺史之名……"

殷乂不禁笑道："可将军的刺史乃今日左丞相所授，那张平原本强寇，如何做得了刺史？"

祖逖神情一敛，说道："大王明知刘演将军已命张平为豫州刺史，殷参军可知为何也要命我为豫州刺史？"

殷乂一时语塞，卫策想了想说道："依末将来看，大王和刘将军之意，都是指望将军和张平主动进攻豫州，谁先拿下，谁便是真正的刺史了。"

祖逖微微一笑，说道："不错，正是此意。"他凝视卫策，续道："我军方动，汉军精锐尚在中原，卫将军不妨备好快马，明日动身，入邺城探听刘演将军虚实。我军北伐，必得与北方诸镇联手。待我军与刘演军结盟，再与并州刘琨军结成犄角，必得天下响应，如此中原可复！"

卫策、殷乂闻言，精神大振。二人不意祖逖心中早有纵横之策，暗暗敬佩。卫策抱拳说道："末将明日动身，前往邺城。"

祖逖点头，凝视卫策说道："此行关系重大，北方究竟是何状况，我们都无从知晓。军事瞬间万变，我在淮阴候你回音。途险路长，多加注意。"

2

祖逖千人之旅，卒缺铠甲，马匹寥寥，越往北走，越是人稀。

数日后，大军抵达淮阴。

淮阴距京口四百多里，因传闻石勒大军将来，淮阴官员早携资产家眷南逃，一个从河南来的武夫冯铁纠集了一帮盗匪盘踞于此，自建武装。能走的居民都已离开，剩下的不过是些老弱病残。

祖逖率军抵达城下，见城头旗帜全无，冷清清如面对一座空城。

一声令下后，全军列阵摆开，五十面战鼓咚咚敲响。

过不多时，便见城门吊桥放下，冯铁亲率百余部下冲出城来，厉声喝道："城外何人？"

祖逖见冯铁铁臂虬髯，立马持矛，威风凛凛，心中喝了声彩，催马上前，挥剑说道："淮阴乃晋室之地，祖某率军北伐，要入城整军，看你模样，非朝廷命官，为何在此？"

冯铁眯眼看看祖逖，忽仰天一笑，说道："司马家连洛阳也保不住，朝廷命官有个屁用！你想入城容易得很，赢了我手上长矛便让你进城。"

祖逖尚未回答，身后马蹄声响，却是祖涣挺枪跃马，直奔冯铁，喝道："让你见识见识！"

冯铁见祖涣年轻，哪里放在心上，长矛一举，催马来迎。

二人转眼便是数个回合，祖逖勒马一旁，心知北伐多艰，儿子须多加锤炼，遂冷眼看他们矛来枪往，战在一起。

冯铁斗到酣处，陡然一声大喝，却是虚晃一招，拔马出阵。

祖涣尚不明其意，就见冯铁将长矛横于鞍上，双手抱拳，对祖逖说道："等等，你方才说你姓祖，敢问可是范阳祖逖？"

祖逖说道："正是祖某。"

冯铁"啊呀"一声，翻身下马，几步走到祖逖面前，拱手说道："小人冯铁，久仰将军大名，适才冒犯了，请将军恕罪！"

祖逖颇感意外，"壮士识得祖某？"

冯铁大声说道："祖将军荡阴救主，率族人南下，义薄云天，天下皆知，小人早已如雷贯耳，适才不明，冒犯虎威。小人久欲投将军麾下，望讫收录。"

祖逖闻言大喜，翻身下马，抱拳说道："今日北上，实望各方豪杰相助，能得壮士，实乃朝廷之幸！"

冯铁哈哈大笑，转头对部下喝道："还不来过来拜见祖将军，请将军入城。"

3

祖逖全军入城安定之后，已是入夜，祖逖招诸将议事，冯铁也带张铜、周锡两名副手来见。

冯铁原本河南郡人，为求活命，纠集了一些乡邻成为盗匪。当河南各郡投降石勒之后，冯铁随流民南下，也想过渡江投靠司马睿，却知自己既无出身，又无人引荐，一路流落到淮阴，见此处人稀，流民无主，索性在此安身。今见祖逖率军北伐，一是敬佩祖逖，二是觉得自己势单力孤，司马睿与石勒都随时可灭自己，若跟随祖逖，尚有望回转故乡，遂立即投军。

祖逖知如今像冯铁这样的人不计其数。北方晋室名存实亡，且不说刘演、刘琨等仍尊晋室的朝廷之将在北方各自为战，更多的如张平之流，都因乱世据城，称为坞主。尤其在黄河两岸，坞主们所建坞堡星罗棋布，只是有些坞主心向晋室，有的与石勒合作，更多的则互相吞并，扩张势力。冯铁也与张平等坞主类似，只是他手下不过百余乌合之众，称不上真正的武装。祖逖爱惜冯铁武艺，当即命冯铁为帐前别将，所统之人，尽皆录用。冯铁等人大喜。

拜谢祖逖之后，冯铁有些诧异地问道："将军奉命北伐，恕末将直言，白日在城外见将军所部，马匹兵器稀少，难道大王命将军北伐，没有拨予铠仗？"

祖逖闻言起身，说道："祖某前来淮阴，便是听得此处铁器不少。你在淮阴，可知铁器集中于何处？城内可有铁匠？"

冯铁闻言，哈哈一笑，说道："将军真是问对人了，在下在淮阴，搜得铁器甚多，已集中在城东。""至于铁匠，"他指着随己同来的二人，说道，"张铜、周锡二人原本铁匠出身。将军若要铸造兵器，我们明日便可造炉铸器！"

张铜、周锡同时拱手说道："若将军不弃，愿效犬马之劳！"

祖逖哈哈笑道："真是天助祖某，送冯将军来我部下。好！我们明日便造炉铸器。"

祖逖有意磨砺祖涣，便先让他与冯铁一起出城募兵。冯铁见祖逖居然将儿子交予自己一起外出募兵，实乃信任有加，更为感激。

祖逖似是不假思索，连续下令，督护董昭备好名簿，门牙将韩潜、童建率军随张铜、周锡大建炉室，又命殷义统五百军士，于城东搬运铁器，拟造兵器铠甲。

众人俱是振奋接令。

4

数日后，淮阴已变成了一个巨大的铸器之地。

祖涣和冯铁每日从四周邻地募来青壮之士，其中不少是南下避乱之人。他们原本愤恨异族生乱，此刻听得祖逖北伐募兵，主动前来的不少。一个月下来，竟募得近两千士卒。祖逖按名册调度，铸器之人一半，习武练阵之人一半，轮流替换，使得每一士卒，都不至因此失彼。祖逖眼见部卒增多，又派人四处征粮。

待各种军器铠甲造齐，已是三个月过去了，眼见岁末已近，祖逖仍未下令北上。

众人皆知，祖逖是等卫策回转。

等到十二月底，祖逖这日正在督军练阵，军士来报，卫策已回。祖逖心中一喜，立即命卫策来中军营帐。

卫策将自己探知的北方情况告知祖逖。

此时的北方，时局比较混乱。石勒败于巨灵口之后，随即派石季龙进攻忠于晋室的北中郎将刘演。刘演部将临深、牟穆抵挡不住，率数万晋军投降。刘演手下只剩几千部卒，依地势固守三台。石季龙再攻三台，刘演终是兵少，无力抵御，败丢邺城全境之后，奔濮阳廪丘，晋将谢胥、田青、郎牧率当地流民投降石勒。石勒后又派孔苌进攻定陵，杀兖州刺史田徽，王浚所任的青州刺史薄盛也归降石勒，山东地区各个郡县都相继被石勒夺取。

祖逖听闻一连串噩讯，惊怒交进。刘演败走，自己的北伐之计便面临塌陷。他心念忽然一动，问道："石勒如此横行，贼将刘曜当不会坐视。"

卫策说道："将军甚明，石勒功高，刘曜干脆请命刘聪，进攻长安了。"

祖逖脸色一变，急声道："长安现在如何？"

卫策说道："刘曜便在上月率五千精骑攻袭长安，被安夷护军麹允反击。麹将军阵前擒贼将殷凯，又斩贼冠军将军乔智明，如今刘曜已败归平阳。"

祖逖闻得麹允击败刘曜，并无喜色，摇头道："五千精骑，便袭取长安外城，若刘曜再次兴兵，长安如何抵御？"

卫策叹息说道:"将军所虑,也是末将所忧。长安千里,我们无法接近。只能看安夷护军如何调兵遣将了。"

祖逖沉思片刻,缓声说道:"我军在淮阴数月,只聚得两千之兵,纵是以一敌十,也难御数十万贼军。我们且观虎斗,非乱中制胜,难以收复中原。"

5

从卫策之言中,祖逖看得极为清楚,刘聪、石勒甲兵百万,自己手下只两千余军士,若无奇谋,岂能完成自己所愿?如今天下乱,是人心乱,现中原各地,遍布无数称为坞主所建的坞堡,堡内军士少则数百,多则数万,形成一个个或大或小的割据势力。

祖逖北伐之心虽炽,却在连日思索中按捺住挥军冲动。他所演的八阵图阵法乃诸葛亮所遗。当年诸葛亮数次北伐都无功而返,最重要的原因便是军微将寡。即使如此,当年诸葛亮手下毕竟还有一州之兵可调，比自己今日多上十数倍不止。连诸葛亮也无以完成北伐大业，自己以区区数千之兵，真能击败石勒等强敌吗？

祖逖缓缓摇头。

只是长江已渡，不可回军。考验自己的，不是匹夫之勇，而是富有智慧的战略布局。

祖逖让自己冷静下来，分析中原的种种势力，他最主要的对手自是刘聪、石勒的汉军。当初刘渊立国之时，虽自称为汉，实为匈奴人。真正的汉人，乃晋室及各地坞主。晋军自然需要连成一体，各方坞主能收为己用也是上上之策。祖逖十分明白，目前自己率军，不过是受命江东琅邪王。司马睿虽是皇室之人，终究不是天子，未见得北方晋臣和坞主们会因自己振臂一呼而应者云集。眼下在长安的天子也指挥不动北方的所有晋军，那些拥兵自重的将领和坞主又怎会无缘无故地接受自己的命令？

如今的首要之策，不是与石勒交锋，而是将那些坞主纳入麾下。毕竟他们是中原之人，各自为政的现状正好便于进行招抚，不受招抚的则可各个击破。

祖逖思虑至此，终于决定，暂缓进军，先将军士训练精熟，尤其军马未动，粮草先行的不二法则更得遵从。自己眼下军力不够，粮草更是不够。淮阴远离中原，司马睿也不会前来干涉，倒是一处可练兵积粮的绝佳所在。

祖逖走出房门，只见月色如银，铺满庭院。祖逖想起年轻时闻鸡起舞的旧事，禁不住思绪如潮，奋然拔剑，独自在空地舞动，剑风荡处，激得半空落叶纷飞。

征讨坞堡

1

当祖逖终于下令挥师之时，手下部卒已极为精锐。大军自淮阴横入豫州境内，所遇城池坞堡，闻讯投降者有之，交战兵败后北逃者有之。祖逖虽无一败，进军速度却是不快。在祖逖这里，一是需步步为营，攻克的每一坞堡和城池都得稳定民心，将后方的基础打牢，二是战役即便得胜，军士难免伤亡，攻下每城每堡后，征募士卒是必做之事，但连年战乱，中原青壮之人甚少，募兵极难，乃至部下经死伤与补充，始终只维持在两千人左右。祖逖深知，自己麾下军士再精，却终是太寡，也更为坚定缓军之略；三是大军粮草始终不够，每攻下一城，都得督民垦地，军士也参与开垦，如此才能让自己身后城池，既得人心安定，亦得军需粮草。

对祖逖最为有利的，是石勒至今未把祖逖之军放在心上。祖逖所部如咬桑叶之蚕，缓慢而稳定地步步推进。

到建武元年（317）六月，祖逖终于进军至芦洲（今安徽亳州东涡水北岸）。

此时中原已更加混乱。早在去年八月，刘曜再攻长安，长安城内外联系断绝，无路可走的晋愍帝终在十一月肉袒出降，自此中原晋亡。翌年二月，平东将军宋哲至建邺，称受愍帝密诏，诣左丞相琅邪王司马睿"使摄万机，时据旧都，修复陵庙，以雪大耻"。司马睿因愍帝只是被俘，坚持不肯称帝，即位为晋王，年号建武。

祖逖虽悲痛长安被破，然司马睿登王位之举还是使其振奋，毕竟，司马睿虽对北伐无意，自己终究是他派出的北伐之将。

豫州境内的最大坞主便是被北中郎将刘演命为

豫州刺史的张平和谯郡太守樊雅。

在二人势力之地，尚有董瞻、于武、谢浮等十余部，俱遵张平之命。

祖逖大军扎下营寨，先命卫策去打探张平情况。

卫策奉命前往，不一日便回，对祖逖说道："将军勿虑，晋王年初已派谯国行参军桓宣往说张平二人，他们俱已请降晋王。"

祖逖初闻一喜，随即又眉头一皱，缓缓说道："张平、樊雅二人虽请降晋王，却未见他们出城相迎，料他二人不过只想得晋王军资，无北上之决心。大军且歇一日，可大张旗鼓，看他们是何应对，明日见机行事。"

众人领命，便在城外扎下大营，晋王之旗与祖逖之旗都高高竖于营前，让城内可见。

翌日，芦洲城内没有半分动静，似乎城头军士无一人看见祖逖大营。

祖逖召集众将，祖涣迫不及待地站出说道："孩儿愿带五百人马，拿下芦洲！"

旁边参军殷乂已经出来，对祖涣说道："少将军暂且不要妄动。"他转向祖逖，拱手说道："张平未迎将军，却也未攻击我营。依末将来看，张平必是犹豫不决，不如末将此刻入城，晓以大义，说他来降。"

祖逖点头说道："不动刀兵，能说之来降，自乃上策。殷乂参军可有把握？"

殷乂傲然一笑，说道："张平既在年初请降晋王，如今晋王之旅前来，他如何敢造次？末将此去，最多两个时辰便回，将军且候佳音。"

祖逖及众将军均觉殷乂言之有理，祖逖便当下命殷乂入城。

冯铁有些担心，欲随殷乂同往。殷乂摇头拒绝，只带一名随从出营。

众将聚于祖逖营帐，只等殷乂讯息，看看营外太阳移中，已是正午，殷乂仍未回返。

祖涣甚急，请命说道："孩儿且去迎回参军。"

祖逖正欲答应，营外一阵惊呼。祖逖等人抢出帐门，只见殷乂带去的随从惊慌失措、一瘸一拐地跑回，见到祖逖，口中大喊，"祖将军，殷参军被张平当场斩杀了！"

2

祖逖勃然色变，喝道："张平竟如此大胆！"

殷乂随从仍是惊魂未定，结结巴巴地将殷乂被杀的来龙去脉详尽说出。

众人一听之下，不禁面面相觑，万没想到大胆的不是张平，而是殷乂。

原来殷乂入城之后，果在犹豫中的张平闻报，即刻命人将殷乂请入府邸。殷乂自恃自己乃王师参军，对张平之类的坞主颇为轻视，一边进府，一边就对迎上的张平说该府适合做马厩。张平初时一愣，以为对方不过试探之词，哈哈一笑，请殷乂落座。殷乂抬眼见房中有一大镬，起身围镬绕走一圈，冷冷道："此物何用？不如熔了做铁器。"张平闻言，心头有气，强压怒火说道："此乃帝王之镬，待天下太平时，张某要将它献与天子，如何能毁？"殷乂哈哈大笑，说道："我看你的人头都难保住，还留得住这只镬吗？"

张平割据一方多年，素来倨傲，哪里受得了殷乂居高临下的挖苦之词？殷乂却是从淮阴至此，见祖逖一路对坞堡战无不胜，自己也颇多战功，总觉坞主不过乱世盗匪，不以为意。他却没料，张平乃中原最大坞主，发号施令和受人奉承已成习惯，如今见殷乂傲慢，再也按捺不住，陡然站起，喝道："那我先要你的人头！"腰中拔剑，将殷乂当胸立斩。

那随从见殷乂只说得几句话便血溅当场，惊得赶紧跪下求饶。

张平怒火不息，他将殷乂之言算在祖逖账上，当下喝令手下带上殷乂随从，令其观看自己军力，然后乱棒将其打出。

祖逖听完，心中暗叹，平素见殷乂行事稳重，今日却突发狂言，引来杀身之祸。但他终究是自己军中参军将领，即使言有不当，也罪不至死，张平竟然亲手取其性命，心中不觉怒起。然更知殷乂一亡，招降之路便已堵死，眼下已无退路，祖逖当即下令，全军攻城。

祖涣、冯铁、韩潜、卫策等人早按捺不住，上前请命，祖逖长剑出鞘，出营上马。只听全军呐喊，军旗迎风，往芦洲城下攻去。

3

张平知自己斩杀殷乂便是与祖逖为敌，而祖逖乃司马睿所派，自己也便是与江东为敌了。只是晋弱汉强，张平不觉得司马睿和祖逖能扫平中原，对他来说，守住城池是唯一之路，也是唯一之策。他将殷乂随从打出芦洲之后，立刻下令，全城固守。芦洲城高墙厚，易守难攻张平听得祖逖举军来攻，只教军士乱箭射住，决不开城迎战。

祖逖强攻半日，芦洲纹丝不动，看看天色已晚，只得收军回营。

第二日祖逖聚将商议。众人见昨日未能攻取城池，大是气恼，又再请命。祖逖见众将摩拳擦掌，士气未堕，下令再次攻城，但城上仍是箭支如蝗，张平军只守不战。祖逖见手下军士颇有折损，不得已再次下令收军。

在芦洲城下，祖逖与张平相持竟有一年，张平始终不出战，祖逖也无破城之策。

自淮阴挥师以来，祖逖还是首次攻城，不想竟耗时如此之久。张平战术极其简单，却甚是有效，用一个"守"字来拖垮祖逖。祖逖军粮渐少，暗自忧心。张平不缺粮，祖逖两千兵不足围城，张平粮草从北门源源不断而入。

祖涣、冯铁、韩潜、童建等人被拖越久，越是心躁难安，却只知请命，难有破城之策。祖逖如何不知，凭一勇之力，很难取下城池，当下沉思观看众人，不答诸将请命。

督护董昭忽然站出，对祖逖拱手说道："将军不欲众将攻城？"

此言一出，卫策、祖涣等人尽皆停声，看向董昭。祖逖凝视董昭，说道："董督护有何妙策？"

董昭胸有成竹地一笑，说道："我军驻扎芦洲南门，芦洲所需军粮，只经北门，一月一进。屈指算来，明日是张平进粮之日，将军可先潜伏兵，等粮草一到，便夺粮杀敌，张平军无粮草，必难坚守。双方士气，彼消我长，破城可待。"

祖逖闻言，站起身来，哈哈一笑，说道："督护之言，与我不谋而合！明日我军夺粮取胜，不怕张平不露出破绽！"祖逖即刻下令，连夜设伏，诸将接令，尽皆信心百倍。

4

第二日辰时方过，受张平指挥的另一坞主谢浮率三百部下，押千石粮草，从百里外送往芦洲。

走得五十余里，忽闻箭声大作祖逖五百伏兵尽出。

谢浮仓促迎战，祖涣和韩潜已双马杀来，齐声大喊，"还不下马受降！"谢浮猛吃一惊，措手不及，被祖涣生擒。其部下原本都是盗匪，如何是祖逖之军的对手？不消半个时辰，谢浮全军尽没。

祖涣与韩潜绑缚谢浮，回到营帐。

谢浮不过乱世强人，此刻被俘，心惊胆战，见到祖逖赶紧跪地求饶。

祖逖走上前去，解开谢浮身上绳索，说道："谢将军受惊了。"又给谢浮赐座。

谢浮被俘，只道会白刃加颈，不意祖逖竟解绳赐座，心中感激，纳头拜道："在下蒙将军不杀之恩，情愿归降。"

祖逖微笑道："将军可是汉人？"

谢浮不明其意，赶紧答道："在下乃汉人。"

祖逖又问道："将军父母可在？"

谢浮闻言，嘴角抽搐，低声说道："在下父母尽丧命于石勒之手。"

祖逖闻言起身，走到谢浮面前，声音陡然变得严厉，"将军乃汉人，父母又丧于石勒之手，竟不思报仇，却要抵抗王师？"

谢浮浑身一震，低头说道："在下实乃身不由己，父母之仇，哪有不想报的？只是我力弱无能，石勒大军百万，我如何报得了仇？"

祖逖冷冷说道："那怎么又甘心为寇？"

谢浮说道："将军明鉴，在下也是为求一命，好歹在张平手下安身。"

祖逖微微冷笑，"祖某奉王命北伐，便是要收复中原，如今晋王号令天下北伐中原，不正是为你这样的百姓报仇雪恨？敢阻王师，将军真欲做败类不成？"

谢浮额头冒汗，说道："祖将军饶过在下，在下愿助将军，也是为我父母报仇！"

祖逖声音转缓，说道："且听将军之策。"

谢浮说道："容在下回城，见到张平，称匹马

祖逖亲自为谢浮松绑，将其收服。

逃回，他绝不疑我。在下当以张平人头来献，报将军再造之恩。"

旁边众将纷纷说道："不可！放他回城，岂不是纵虎归山？"

谢浮眼望祖逖，说道："祖将军且信在下，我一定回城斩杀张平，为大军开道！"

祖逖微微点头。

董昭对谢浮说道："我军攻城日久，实不欲多杀汉人，张平亲手杀朝廷之将，乃自绝归路，他剩下的只有降石勒一途。谢将军若真欲报父母之仇，也只有归顺王师之路可走。"

谢浮知董昭所言不虚，抱拳说道："祖将军且宽心，在下入城，酉时便回。张平掠民日久，早惹众怒，如今军无粮草，孤城难守，请将军候我佳音。"

祖逖缓缓点头。

谢浮走后，诸将议论纷纷，多半觉得谢浮不会回返。祖逖挥手止住议论，说道："谢浮身负大仇，不会甘心为寇，我们且待酉时！"

果然，酉时方至，营外马蹄声响，只见谢浮带一队人马，手提张平之头回来。

谯郡围城

1

黄昏落日，祖逖大军刀枪如雪，旌旗迎风。芦洲城四面大开，祖逖一马当先，率部入城。

当夜，祖逖率众人去殷乂坟头祭奠。

祖逖端酒洒在殷乂坟头，说道："殷参军出师未捷，我们更当众志成城！"他转头看着众将续道："前方谯郡乃北上门户之城，我们明日兴军，进屯太丘（今河南省永城县西北）！"

第二日，祖逖大军离开芦洲，往太丘进发。

路上祖逖询问谢浮，"樊雅究竟是何人？"

谢浮策马在祖逖身边，说道："谯郡樊雅，与张平乃八拜之交，不过，樊雅与张平有所不同，他心存大义，常有归晋之心，我们可说服于他。"

祖逖沉思答道："我军之志，乃克复中原，非与汉人互戮。能说服樊雅来降，自是上策。"

谢浮说道："不如我先入谯郡，看樊雅如何应对。"

祖逖摇头说道："张平死在将军之手，樊雅恐对将军不利。"

谢浮笑道："末将与樊雅熟知，今张平已死，想必樊雅会认清今日之势。"

大军至太丘扎下营帐后，祖逖即命谢浮前往谯郡，劝说樊雅。

过得午时，谯郡城内驰出一马，奔至祖逖营前，骑马人大声喝道："将此信交给祖逖！"说罢，那人拉开弓，朝天一箭，目视箭支落入祖逖营帐后，才拨马返回。

祖逖营中军士拾得箭支，见箭上绑缚一信，赶紧送往中军大帐。

祖逖接信展开，细细读过，不由眉头微皱，将来信缓缓在手中紧握成团。

董昭问道："信上是何言语？"

祖逖沉声说道："信乃樊雅所写，称自己原本有北伐之心，可谢浮杀张平，是杀其八拜义兄，现已斩首谢浮，要与我明日城前一战。"

众将闻言，俱是惊怒交迸。

祖逖沉声说道："拿下谯郡，便是打通北伐之途。明日待我亲自出战！"

2

当夜星月全无，祖逖营中安静，站在望楼上的士兵手持长矛，四下巡视。

夜愈深，风愈大，旷野上的野草被吹得沙沙直响。快到四更之时，祖逖营外陡然杀声四起，原来是城内樊雅率部趁夜悄悄出城，人衔竹、马摘铃，潜行到营门之外时，才举火冲营。

祖逖营门军士一片慌乱，往后便退。

樊雅见袭营得手，得意非凡，率部下四员健将及一队骑兵，直扑中军大帐，想活捉祖逖。

不料他策马冲入大帐，却发现帐内无人。

樊雅猛然醒悟中计，即刻转马出帐，只见祖逖营后火把突起，无数晋军大喊："樊雅快下马投降！"樊雅大惊，赶紧命全军后撤。

火光中只见一将威风凛凛，纵马挥剑奔来，其身后军士擎起一面大旗，上面写着一个斗大的"祖"字。只听那将厉声喝道："祖逖在此！"樊雅左右一看，只见晋军前后左右，交错成眼花缭乱的阵势，不觉心内一寒，掉过马头，往自己城池方向奔去。

祖逖一声令下，全军追击。

眼看樊雅难逃，不意夜色里突现一支骑兵，攻向晋军。祖逖颇为意外，觉樊雅若偷袭自己营帐，必思胜算，竟还能在此伏兵救援，倒不失将才，当下亲自迎战。双方杀到天明，祖逖将那队骑兵全部击溃，夺得军中急需的数百匹战马，却终于让樊雅逃脱回城。

从败兵口中方知，这队骑兵并非樊雅事先埋伏，而是张平手下残部纠合一处，得知祖逖进据太丘，便想与樊雅联合以抗祖逖，不料樊雅虽是走脱，自己却全军尽没。

3

大军归营饱餐之后，祖涣、董昭、卫策、韩潜齐入中军大帐，请命乘胜攻城。祖逖目光一个个扫过众将，最后停在董昭脸上，说道："董督护权且守营，诸将随我亲去！"

此时谯郡，城门紧闭，吊桥拉起，祖逖率军兵临城下，见壕深水急，城上军士张弓以待。祖逖看过片刻，未下攻城之命，下令回营。

众将随祖逖回转后颇为不解。祖涣说道："昨夜樊雅偷袭未成，锐气尽失，今日当一鼓而下，父亲为何下令回营？"

祖逖尚未回答，旁边董昭说道："祖将军必不攻城。"

祖逖微笑，问董昭道："董督护何出此言？"

董昭拱手说道："我军击溃张平残部，将军即掘壕埋尸，足见将军对汉民至为爱护。我军渡江北上，原是为收复中原而来，岂是欲在汉人间多加杀戮？樊雅虽袭营，不过是欲守自家城池。闻得樊雅对北方石勒也偶有交锋，不肯投敌。末将便料，将军决无攻城之心。且将军亲出，当是巡视谯郡地势。"

祖逖哈哈一笑，说道："董督护知我也！不错，樊雅虽杀谢浮，却是为义兄报仇，此乃义气之举，数抗石勒，乃大义所为，袭我营帐，不过是惧我吞城。我观谯郡地势，一马平川，大军只需围城，断其水源粮道，便可不战而屈人之兵！"

卫策上前说道："我军若是围城，兵力却是不够，分兵则弱，樊雅若集中攻击任何一处，我军难免损伤。"

祖逖微微一笑，说道："所言甚是。"又眼望董昭，续道："督护可写好文书？"

董昭上前，拱手说道："末将已书毕两封，可分别送往向蓬陂（今河南省开封市南）坞主陈川、南中郎将王含处。若得两处援军，何愁樊雅不献城投降？"

众将一听，方才恍然大悟。

祖涣出列说道："陈川乃坞主，他难道会助

我军？"

祖逖微笑道："陈川与樊雅，素有怨隙，他听得我是攻打樊雅，必遣军来。我欲收樊雅，若能一并收下陈川，岂不是一举两得？"

众将闻言，方知祖逖胸有成竹，早布下安排，尽皆心悦诚服。

祖逖当即派卫策、韩潜分别送信与陈川、王含，请兵增援。

4

连续数十日，祖逖命卫策、韩潜、冯铁等人轮番至谯郡城下挑战。樊雅自那夜大败，军无斗志，索性闭城不战，却不料祖逖此举乃是迷惑，不让樊雅知自己派人征援。

数十日后，南中郎将王含遣手下参军桓宣引五百人马来援；在蓬陂的陈川得知祖逖是进攻樊雅，也果然派出手下大将李头率兵而至。

闻得援兵齐至，祖逖亲自出迎。

桓宣原在司马睿手下任中书舍人之职，与祖逖在建邺有一面之缘，因谯国人的身份而被王含派出。李头则是跟随陈川割城据地的猛将，人如其名，头颅奇大。见祖逖率将出迎，威风凛凛，气度不凡，李头顿生仰慕之感。他早闻祖逖闻鸡起舞、护部曲南下，以及慷慨北伐等种种事迹，早欲能得一见，如今见其须发苍然，岁数不小，却腰挺背直，步履沉稳，显出逼人雄心。当即抢过几步，到祖逖身前拱手说道："在下李头，奉陈留太守之命，率五百军来助将军！"

祖逖微笑道："李将军不必拘礼。"

桓宣也上前与祖逖互相礼让。祖逖始终微笑，"今日得两位将军之助，谯郡指日可下，请二位入帐，共商取城之策。"

李头原本盗匪出身，跟随陈川日久，助陈川割据蓬陂之后，陈川自称陈留太守。他们虽有一地，却终究少见朝廷之军，此刻李头见祖逖营中，个个持矛挺立，军容整齐，一处处营帐似乱却像隐含阵法，心中更生敬仰。他随众人步入大帐，分宾主落座之后，双眼紧紧盯住祖逖。

祖逖见其目光，微微一笑，起身说道："如今天下纷争，祖某奉命北伐，实不欲与汉人交手，与众将商议，想四面合围，令谯郡不战而降。得二位将军来助，实可免谯郡兵火之灾，祖某先代谯郡百姓谢过二位。"说罢对桓宣与李头抱拳为礼。

李头赶紧起身，抱拳一揖，说道："李头颇熟谯郡地形，知此城东面甚广，樊雅若逃，必走东面，李头请命驻东城。"

祖逖微微点头，另命祖涣也率五百军士与李头合并驻扎。

李头、祖涣大喜接令。

见祖逖眼光看向自己，桓宣微微一笑，说道："祖将军心系谯郡百姓，令人敬服。末将倒有一想法，我军围而不攻，樊雅军心必乱。到时末将入城，与樊雅一见，说他来降。"

旁边祖涣急道："桓参军差矣！前番谢浮也是入城劝降，结果被樊雅斩首，不可再冒此险。"

桓宣微笑道："谢浮被斩，一则谢浮诱斩张平在先，二则操之过急，樊雅锐气正盛。末将原本谯国之人，与樊雅相熟，待我军围城十日，樊雅一无进攻之力，二无退兵之途，届时我再入城内，必可一举奏效！"

祖逖对桓宣说道："桓参军曾在谯郡多年，信义素著，我们今日且分兵围城，待十日之后，参军可择机入城劝樊雅来降。"当下祖逖军令速下，自己亲自督军南门，桓宣驻西门，卫策引五百军相助，北门则命董昭驻扎，牙门将童建及别将冯铁则引军四门巡视，以作各门增援。

李头见祖逖布军自如，心内更为钦服。

5

围城之计果然见效。

还不到十日，谯郡城内已是人心惶惶。

祖逖四面之军此刻只围不攻，樊雅几次想出战，自忖不是祖逖对手，坐困孤城，又无增援，城中粮草渐少，焦虑非常。

到第十日，樊雅正独坐府邸饮酒解闷，门外一军士匆匆步入，弯腰说道："禀报太守，城下有人，自称是参军桓宣，想入城来见太守。"

樊雅双眼圆睁，说道："桓宣？他是一个人还是带有军士？"

"只有两名随从。"

樊雅沉思片刻，抬头说道："让他进来。"

过不多时，桓宣及二随从跟随樊雅军士入内。

樊雅与桓宣原本相识，见他步入，稍作犹豫，还是起身说道："桓参军来见樊某，可是受祖逖之命来劝降樊某？"

桓宣左右一望，见樊雅身边站立二十名持刀武士，从容一笑，"看樊将军阵势，是否一言不合，便要取我性命？"

樊雅径直落座，冷冷道："桓参军可知谢浮来做说客，被樊某斩首示众之事？"

桓宣哈哈一笑，不请自坐，不再去看那些杀气腾腾的武士，目光炯炯，直视樊雅，"休提谢浮，桓某此来，只想知樊将军困守孤城，还能与王师相持几日？"他也不等樊雅回答，又继续说下去，"如今谯郡四面被围，若是坚守，也难过五日。桓某前来，非是劝降，而是想告知樊将军，如今晋王登位，遣师北伐，乃得天下人心之举，樊将军若不趁此立功，难道非要等祖将军破城之后，再求饶不成？"

樊雅闻言，双眼恶狠狠瞪向桓宣，咬唇不答。

桓宣眉头一皱，伸手一挥，说道："樊将军先让他们退下，桓某再说几句肺腑之言。"

樊雅瞪眼犹豫片刻，挥手道："你们退下！"

两旁武士退下之后，樊雅道："桓参军想说什么？"

桓宣也挥手命自己两名随从退出，站起身来，不紧不慢地说道："祖将军一路北上，虽是兵微将寡，却战无不胜，樊将军可知为何？"他见樊雅神情有变，也不等他回答，自顾续道："缘由只有一个，祖将军北上，乃得人心之举。他唯一之想，便是荡平刘聪、石勒，恢复中原。此次征伐，他原本想以樊将军为援，前番因殷乂轻薄张平，惹下杀身之祸，岂是祖将军本意？桓某在其军中，亲见祖将军与士卒同食一灶，甘苦与共，今番围城不攻，乃怜惜民众。我亲眼所见，祖将军日日军中演阵，不知私财为何，如此胸襟之人，实乃人中俊杰。樊将军手下，请恕直言，不过乌合之众，如今困守危城，北边又有强贼窥伺，迟早归于他人。若此时投往祖将军，恰是时机，望樊将军深思。"

樊雅垂头，桓宣所言，字字入耳。久之，终于抬首，艰难说道："祖逖果真不计我杀谢浮之罪？"

桓宣哈哈一笑，双手一拱，"祖将军胸襟，海纳百川，如何会怪当时之事？"

真正敌手

1

祖逖营帐大开，迎樊雅率部来降。

樊雅在营门前十步外翻身下马，走到祖逖面前，双手一拱，垂头说道："祖将军免谯郡全城百姓兵燹之灾，樊雅拜服，特来投降，供将军驱使。"

祖逖哈哈一笑，随即敛容还礼："樊将军深明大义，乃百姓之福，此非祖某之功，祖某且代谯郡百姓谢过将军。"

樊雅见祖逖丝毫不居功自傲，心下敬服，慨声说道："樊某蒙将军收录，实感大德。""将军请看，"他将自己马匹一指，说道，"此马名为'飞云'，乃日行千里之良驹，樊某将它献与将军，也算樊某投身之礼。"

祖逖侧头一看，见樊雅身后之马，浑身赤红，筋健骨壮，无一根杂毛，确是罕见良驹，当即笑道："樊将军原本武将，岂可无马？祖某又岂可夺人所爱？"

樊雅拱手说道："将军无需多想，樊某除却此马，还有一'踏雪'良驹，与此马同属大宛名驹，樊某诚心送与将军，将军若是推却，便是瞧不起樊某了。"说着，樊雅又命手下军士将"踏雪"牵来，让祖逖过目。果然也是身高膘肥的罕见名马。

旁边众将都不觉发出一阵惊讶之声。

祖逖看看众人，见李头在侧，眼望"飞云"驹，双眼神色大是艳羡。

祖逖微微一笑，转头对樊雅拱手说道："如此，祖某却之不恭了。"

樊雅见祖逖愿意收下马匹，心中大喜。

2

樊雅既降，祖逖在城中宴犒三军。翌日，两路援军分别率部回返旧地，祖逖命卫策送桓宣、祖涣送李头。

祖涣骑着樊雅赠送的"飞云"宝马，将李头送至十里之外，跳下马来。李头也下马与祖涣道别。祖涣对李头抱拳说道："李将军，我便送到这里。今番蒙李将军率军驰援，我爹感激非常，他知将军爱此宝马，特命我将此马赠与将军，万勿推却。"

李头闻言，惊讶到极点，忙说道："少将军不可，此马乃樊雅送与祖将军，祖将军一定喜爱非常，如何能转送于我？"

祖涣微笑道："我爹有言，宝马赠壮士。何况我爹自有惯乘之马，临行前我爹再三嘱咐，将军身怀大义，日后必将为北伐出力，岂能无良驹上阵杀敌？此乃我爹军令，我若未能完成，岂不是回营后无以复命？"

李头本是武夫，不知如何回答，内心也对此马甚为喜爱，再听得祖涣说是军令，更不知如何回答。他在祖逖军中时日不长，却知祖逖治军极严，令下如山，从无徇私之举。当下踌躇片刻，说道："恭敬不如从命，请少将军替我谢过豫州大人。"说罢，伸手接过祖涣手上缰绳，跨身上马，心中一阵狂喜，对祖涣抱拳说道："少将军便请回转，李头此生从未见过令尊这等英雄人物，盼异日能有面谢豫州之机。"

祖涣也踏蹬跃上自己从前所乘之马，抱拳说道："也盼能再见将军，就此别过了。"

看着祖涣带着随从走远，李头伸手摸摸这匹宝马的脖颈鬃毛，喜不自胜，将手中马鞭一挥，策马而驰，其手下军士纷纷狂奔跟上。

3

祖逖灭张平、收樊雅，历时一年有余。在谯郡屯军之后，知军粮不足，遂暂缓北上，只留下千余守城之军，其余军士皆卸甲屯田，与农人一起垦荒积粮。

刚过五日，北城守将卫策来报，石勒派遣石季

祖涣奉祖逖之命，将宝马"飞云"赠与李头。

龙引兵攻打谯郡，其旗号已隐约可见。

祖逖闻讯，冷冷一笑。他自然知道，谯郡乃南北门户，自己占据谯郡，才是在豫州真正站稳脚跟，打通北上之路。对以襄国为巢、秉持北攻南守的石勒来说，此时的重心是击败并州的刘琨、段匹磾盟军。当樊雅盘踞谯郡之时，虽不降不从，却无北伐之志，遂未放在心上，如今得知祖逖占领谯郡，才开始重视。自祖逖渡江以来，石勒虽知对方一心北伐，却探得司马睿只给祖逖官位，未予一兵一卒，麾下只有数百部曲，以为难成气候。不料四年下来，祖逖以区区两千将士为缓军之略，逐渐增军复地。谯郡之北即河南郡，祖逖兵锋至此，石勒才猛见淮河南北之地，已落入祖逖之手，若不派兵阻止，一旦祖逖马入河南，腋下之患便成，很是懊悔对祖逖忽略太久，即命石季龙率军来夺。

祖逖当即令董昭、祖涣再单骑往陈川、王含处征援，另调拨两千弓弩手齐往北门，城门紧闭，吊桥高悬，严令不许出城交战，只以弓弩迎敌。

石季龙取谯郡之策，和祖逖如出一辙，在北城被卫策的弓弩手逼退之后，即兵分四路围城。他探得消息，祖逖如今命军士屯田，必是粮草缺少，围困祖逖实乃最佳之策。

当夜，晋军门牙将童建急匆匆来见祖逖，说道："石季龙乃当世勇将，今日虽以弓弩射住对方，恐仍非石季龙之敌，将军不如弃城突围。"

祖逖灯下抬头，双眼紧紧看住童建，"你是觉得城池难守？"

童建见祖逖脸色威严，低下头去，嘴唇动了半晌，还是说道："石季龙军势甚大，末将担心一旦城破，便无退路。"

祖逖站起身来，将手中兵书掷于桌上，说道："你随我渡江，已然四载，我军经历多少风险，才有今日之局，石季龙虽猛，也不过一勇之夫，如何就怕了？"

童建脸色涨红，说话也结巴起来："末将……末将以为，石季龙无人可敌，不如……暂避锋芒。"

祖逖双眉一竖，喝道："你且退下！如此扰乱军心之言，不得再说！"

童建见祖逖双目如刀，浑身一抖，不敢再言，拱手退下。

祖逖看着童建退出，摇头轻叹。他自知石季龙勇武之名，冠绝当世，又素性残忍，自己受命北伐以来，真正的敌手正是石勒、石季龙等异族之将。时至今日，才终与他们面对面交锋作战，不料手下将领竟暗生怯意，不觉心头沉重。

当下不做多想，祖逖出门上马，带着几个亲兵，各门巡视一遍，见卫策、冯铁等人慨然不惧围城之军，心中方慰。对众人勉慰一番，亲自坐镇北门。城外二十里之地，便是石季龙的连绵营帐。遥遥看去，见对方营帐灯火通明，显是士气颇旺，意欲强攻。

4

第二日，石季龙催动四面之军，杀向各门。

祖逖持剑督战，卫策等战将俱全力以赴，亲提弓箭在城楼击敌。

三天后，谯郡仍安然无恙。只是军粮配给减少，军士三餐难饱，尤其城内箭支渐少，祖逖虽忧不乱，亲临各门，激励将士。

众将士见到祖逖，都大感振奋，将石季龙之军一次次击退。

第四日，祖逖在城头已站一夜，天方亮时，隐隐见石季龙似在拔帐。卫策在身边也看得清楚，抬手指道："将军请看，石季龙似在拔帐，不知出了何事？"

祖逖凝望半晌，屈指一算，说道："必是两路援军已到，石季龙得知讯息，我们且观其变。"

果然，守东门的韩潜派人过来报讯，称东门敌军被桓宣带领的一万晋军攻击，已仓皇败走，往北门汇合石季龙。祖逖大喜。石季龙此次来攻，兵力只五千，分兵围城后，各门不过千余，如今桓宣率一万大军增援，只有千余军士的东门如何抵挡得了桓宣冲击？

卫策即刻请命，"末将率军出城，当生擒石季龙！"

祖逖眉头一锁，摇头道："不可出城！石季龙军士虽少，却精悍无比，他受东门败军冲击，已然拔营。我军将士饥饿，不宜恶战，若贸然出城，恐怕不是石季龙之敌，桓宣援军已至，不怕石季龙不撤军。我们且往东门。"

当祖逖赶至东门，桓宣已率军到了城下。

与桓宣再会，祖逖和手下将领们都觉兴奋，当下将桓宣迎至帅府。

众人刚刚坐定，军士进来禀报，城外石季龙果然已撤军北返。

随桓宣一同返回的祖涣说道："石季龙号称当世猛将，闻得桓将军增援，便立刻退军，恐是浪得虚名，孩儿请命追敌！"

祖逖举手一摇，说道："涣儿不可有如此之想。石季龙虽是兵少，却未与我军对阵而战，以他行事，断不如此。我料石季龙退兵，只有一因，便是他起兵之时，石勒已有严令，能拿下谯郡便拿，若是遇上有援，便即刻撤军。"

祖涣有点不解，"他撤军是惧怕我们已有援军？"

祖逖笑道："涣儿，事情越是表面，就越难说是真相。桓参军万人来援，士气足够，可石季龙原本悍将，未交战便撤，非他本性。若无石勒严令，他一定会先与我们交手，有了输赢再定下一步方略。"说到这里，祖逖脸色严峻下来，"石勒纵横北方，与人交战，就是从不以少抗多，他命石季龙撤军，也是以保存实力为上，我们数年北征，始终得不到江东援军，如今劲敌在前，不得不思万全之策"。

众人见敌军方退，祖逖反倒比受围时更多思虑，此刻听他如此分析，都心下暗赞，同时也觉得石勒确是劲敌。

桓宣站起来说道："将军，在下此次前来增援，愿留麾下。"

祖逖凝视桓宣说道："桓参军援兵乃南中郎将手下，今得中郎将慷慨赴援，岂能留人之兵？今日石季龙既退，我先给江东报捷，参军乃谯国人，便奏请参军为谯国内史。"

桓宣拱手说道："末将先且留在将军麾下，石季龙今日虽退，必察我军动向，中郎将感将军北伐之志，已命末将留军驱使。"

祖逖大感振奋，说道："如此，待我亲笔去函，谢过中郎将。"

伏军擒将

1

见石季龙五千军尽退，祖逖仍令军士屯田，自己也亲自在田中开垦，负薪担樵。

一日卫策匆匆来田中见祖逖，拱手说道："城外有晋王军到。"

祖逖闻言大喜，自率部北征以来，司马睿从未有过兵卒增援，如今终于等到江东来人，立即出城亲迎。

出城后，见城外晋军逾万，衣甲鲜明，旗帜林立。竟是司马睿次子、年仅十八岁的琅邪王司马裒并舍人陈超率锐卒三万，水陆四道，增援祖逖。祖逖心中热血如沸，对司马裒拱手说道："琅邪王亲来谯郡，祖逖拜谢！"

司马裒还礼道："豫州一路北上，父王连闻捷报，喜悦非常，现已传檄天下，声讨石勒。父王特命小王率三万军前来，均由豫州节度。"

祖逖回思这一路北上，孤军数年，苦争一城一地，终得晋王相助，振奋非常，即将司马裒和陈超迎入城内。陈超尚未落座，便上前施礼，"末将奉晋王之令，前来豫州大人麾下效命。"祖逖闻言更喜，陈超乃江东猛将，如今得为麾下，自是如得千军，哈哈笑道，"既是王命，就委屈将军在军中与董昭并列，同为督护如何？"

陈超拱手道："豫州北伐复地，江东尽欢，末将久欲来军前效力，当奉将令！"

众将上前与陈超相见，极是亲热，唯童建脸色阴沉，与陈超勉强施礼相见。

司马裒落座说道："小王奉令督军而来，现已交军给豫州。父王有令，待得数月便还。出发之前，晋王有询，敢问豫州有何破敌之策？"

祖逖见问，拱手说道："晋王拨下锐卒，便是欲我北上之命。上月石季龙围谯郡，兵力只五千，足见刘聪、石勒大军正被黄河左右晋军牵扯，无暇南顾。""大王请看地形，"祖逖将河南郡地形图在桌上展开，手指划过整片河南郡，说道，"今番形势，我军虽有三万补充军力，但若要一战扫平刘、石二人，尚且不够，河南郡目前坞堡星罗棋布，取得各坞堡支持，才是得河南郡之道。有此郡在手，黄河以南便全属我军，是以今日之策，乃蚕食为上，方可进逼洛阳。待洛阳收复，天下中心在手，何愁刘、石二贼不灭？"

司马裒闻言甚喜，点头说道："豫州胸有纵横之策，小王也就可回去复命了。"他紧接着又问："依豫州之见，如今坞主当先收何人？"

祖逖不假思索地答道："今日中原最大坞主，便是蓬陂坞主陈川。我取谯郡时，陈川曾遣军相助，料是不难归附我军。"

司马裒眼看地形图，手指从谯郡一路西北而上，停在蓬陂，说道："豫州大人之意，是要驱兵前往蓬陂了？"

祖逖缓缓点头，说道："此去蓬陂，西北而上，到蓬陂便是到黄河之岸，沿河西向，便是洛阳。"

司马衰仔细看图，极是喜悦，说道："豫州运筹帷幄，父王可安枕无忧了。"

2

几个月后，司马衰回建邺复命，祖逖命董昭护送其回江东。

祖逖极为清楚，司马衰在此，不过是想看自己如何练兵训卒，如今回江东，自是放心而返。眼下自己手下陡增三万大军，较渡江时的六百及破谯郡后的数千，看起来已不可同日而语，但实际上和刘聪、石勒的军力相比，仍是相差太远。从自己刚刚拿下谯郡，石勒即遣石季龙南下来看，自是已成石勒眼中钉，只是目前刘琨与段匹磾在北方军势强盛，石勒无法腾出精力来对付自己，对北伐来说，是快速进据蓬陂的绝佳时机。

祖逖久经沙场，如何不知时机稍纵即逝？

如今兵强马壮，正是出兵之时。

祖逖当即下令，命祖涣率本部五百军士前往蓬陂，先行劝降陈川，大军随后再拔。

祖涣离开不久，即传来愍帝在平阳遇害的噩耗，全军震动。

祖逖悲愤不已，徒恨当时军力不够，无以克复平阳救帝。当下命全军缟素，祭奠三日后再行起兵。

不料，三日未到，祖涣已回。

祖涣除自己所率的五百军外，还带回四百人。

那四百人的统领是李头部将冯宠。

冯宠一见祖逖，单膝一跪，脸色含悲，拱手说道："豫州大人，请给李头将军报仇！"

祖逖吃惊说道："出了何事？"

冯宠咬牙切齿地说："自李头将军回转蓬陂，陈川那狗贼就看上了他的飞云驹，李头将军说此马乃豫州所赠，岂可转给他人？再说，李头将军原本武将，正需良马。不料陈川怀恨在心，对李头将军处处刁难，命其掠夺州郡。"

祖逖眉头一动，"李将军不从命？"

冯宠悲声道："豫州明鉴，我们跟随陈川，干的本就是掠州夺民之事，只是从谯郡回去之后，李头将军常念豫州之德，不欲多杀无辜。数日前，陈川又命李头将军率部掠粮，李头将军接令后只多说一句'若得豫州为主，虽死无恨'，便被陈川那狗贼喝令斩首。冯某原本李头将军部下，见陈川如此心狠，便率四百部下来投豫州，路上遇到少将军，便一同前来了，望豫州收录。"

祖逖闻言，握拳在桌上一捶，沉声道："陈川如此狠毒，视部下如草芥，料也军心不附，我即刻起兵北上！先试其锋！"

冯宠双手抱拳，说道："冯某愿为前部！"

祖逖抬头，提声说道："卫策、祖涣听命！我命你二人率五千部先行，冯宠将军识得路况，也一并为前部先锋！"

祖涣、卫策站出，接令而出。

3

陈川此时怒不可遏。冯宠率部南逃，自然即

刻命人追杀，不料正遇上祖涣之军，冯宠与祖涣合军后返身，并力杀退追军。陈川得败军回报，更为震怒，当即下令，纵兵掠夺豫州各郡，以为报复。

祖逖闻讯，又遣韩潜、冯铁、陈超各统大军，分别进攻各郡的陈川人马。

冯宠与祖涣、卫策出兵之后，即刻献计，如今陈川的亲信部将魏硕是其骁勇属下，若擒下魏硕，便是将陈川羽翼斩断。冯宠出逃之时，魏硕正奉陈川之命，前往谷水掠粮。谷水之右乃沙滩之地，南出为死谷，北出为湖沟。计算时间，正是魏硕回转蓬陂之时，不若兵分两路，一路诱敌，一路于湖沟埋伏，必可一战而擒魏硕。

祖涣和卫策闻言，当即谋划，由祖涣前往诱敌，卫策与冯宠埋伏于湖沟。

果然，魏硕奉陈川之命，率三千军士前往谷水大肆劫掠，夺得粮草三十车，另外二十车上尽是其抢夺的谷水人口，男女尽皆绑缚，车上哭声一片。

祖涣五百军骑陡然拦路，魏硕一见对方乃祖逖之军，顿时大怒，手提环首刀，催马上前，厉声喝道："敢拦我路，找死不成？快快交出冯宠那个叛逆，老子饶你不死。"

祖涣冷冷道："交出冯宠？问我手中枪答不答应！"

魏硕大怒，催动马匹，挥刀便砍，祖涣挺枪相迎。

二人交锋五个回合，祖涣显得气力不济，拖枪败退。他手下皆是骑兵，来得快，退得也快。

魏硕见对方不过数百骑兵，哪里放在心上，喝令部下千余骑兵紧追不放。

魏硕追到湖沟，陡然一阵惊天战鼓擂响，卫策、冯宠两路伏兵齐出，杀向魏硕。祖涣也举枪返身杀回。

五千晋军汇合，转眼便将魏硕军团团包围。

魏硕部下原本盗匪，如何是祖逖久经训练的军士之敌？魏硕知道中计，想杀出包围，岂料晋军一阵乱箭射来正中坐骑，魏硕一头栽下，被冯宠拍马赶来，挥刀斩为两段。

4

谷水一战大胜，祖涣、卫策、冯宠即刻将捷报送与祖逖。

祖逖接报后，命令三人率部回转谯郡。

祖涣等人颇为不解，但军令不敢违，即刻率部回到谯郡。

进入祖逖军帐，祖涣急急说道："爹，为什么要我们回来？我们刚刚斩杀魏硕，正好可进兵蓬陂，将陈川一举扫灭。撤军岂不是给了陈川喘息之机？"

祖逖脸上笑意一露即逝，说道："涣儿开始懂得捕捉战机了，为父欣慰，不过，战事绝非一役，所有战役都在彼此连接。你们部下五千军骑，我授命之时，便是欲让你们直取蓬陂，可有三点，不得不让你们撤军。"

看着前面三人脸上诧色，祖逖缓缓道："阵斩魏硕，自是折陈川羽翼，可魏硕掠民无数，可想过如何处置？陈川后军一至，岂不殃及平民？其二，魏硕有残军逃回，便是逃得一个，匹马也快于大军，对方逃入蓬陂，陈川必将死战，谷水虽胜，已是打草惊蛇；其三，我方得密报，陈川为防我北上，已经暗中联系石勒。石勒兵多将广，他若是南下，截住归路，我五千之军便立陷险境。有此三点，不得不命你们暂退。退兵乃为迷惑陈川，如今他孤守蓬陂，难成气候，等我军养精蓄锐一番，再一鼓而下！"

祖涣等人闻言，大是敬服。

祖逖随即下令，魏硕所掠民众皆给予路资释放。对阵擒的魏硕军士，也抚慰一番，全部放归。有人感祖逖之德，愿意投祖逖之军的，便选材录用。祖逖随后又接韩潜、冯铁、陈超等人捷报，众人均击败陈川派往各郡的掠夺之军，目前陈川人马都缩于蓬陂。连接败报的陈川原以为祖逖会乘胜进军，不料却闻得祖逖得胜军尽回。从祖逖处返回的军士都尽言祖逖之德及与士卒同甘苦的大将之风，陈川勃然大怒，将回来的败兵尽数斩首，蓬陂守军士气日渐委顿。

以退为进

1

祖逖知北伐之途，唯一需坚持的战略是步步为营。做到这点，必须以耕养战，或者以战养战。司马睿在自己北上四年后才增兵三万，一应粮草还得自己解决，他不可能像割城据地的坞主一样，依靠抢掠来充实军粮。在谯郡城头，他亲眼见过石季龙彪悍部卒。无需与任何人商谈，祖逖一眼判断出自己部下与汉军差距。眼下这三万多部卒虽是锐卒，但若与石勒军比较，仍是敌强我弱，更何况，石勒部下身经百战的军旅有数十万之多，绝不能因增兵而起丝毫轻敌之意。此外，不能不面对的现实还有，自己渡江时，设想的联系北方晋军意图根本不可能实现。北地晋军既各自为战，也各自争斗，散据各处的晋军明知此举会留给石勒各个击破的机会，却无人有长远考虑。给祖逖印象深刻的事例是，段匹磾曾推刘琨为大都督，给其兄段疾陆眷、叔父段涉复辰及弟段末柸发出会于固安、共讨石勒的檄文，段末柸接檄文后非但不起兵响应，反劝说段疾陆眷和段涉复辰不要出兵相助，理由是"以父兄而从子弟，耻也；且幸而有功，匹磾独收之，吾属何有哉？"段疾陆眷和段涉复辰接信后果然不应檄文，致使刘琨、段匹磾不得不兵还蓟州（今天津）。祖逖始终有心联系刘琨，却不可能派人北上至如此遥远之地。

祖逖看得清清楚楚，自己仍是一支孤旅。

江东能给自己十万大军吗？司马衷回转之时，祖逖命董昭护送，却也给其面见晋王、请求继续增兵的密令。

得知董昭终于回来，祖逖即刻传见。

当时是午夜，祖逖尚在房中阅读兵书。

见董昭进来，祖逖起身相迎，直接问道："董督护见到晋王情形如何？"

董昭落座后答道："如今晋王已经登基了。"

祖逖闻言倒是一愣，说道："晋王登基了？"

董昭点头道："刘聪杀害先帝的消息传至建邺，群臣皆请晋王登基。如今建邺名为建康，年号太兴。"

祖逖颇感惊喜，起身说道："晋王既已登基，岂不正可传诏天下，收复中原？"

董昭脸色却是凝重，缓缓说道："依末将来看，如今陛下已无北上之志。在登基之时，尚有一异事，实是不明。"

祖逖一怔，重新落座说道："何事？督护快快说来。"

董昭眉头微皱，说道："陛下即位，自是百官陪列，不意天子竟命骠骑将军王导御床共坐。王导固辞，陛下方止。以末将来看，朝廷……"董昭看一眼祖逖，声音低了下去，"恐非陛下一人所控。"

祖逖心内暗惊，摇头说道："陛下南渡，便是王导相随。王氏乃江东世族，今王导为骠骑将军，王敦为大将军，势力庞大。我请命北伐之时，王导兄弟不置可否。他们若是把控朝廷，便无人顾及北伐之事了。"

董昭叹息一声，"陛下让末将回来复命，江东再也无兵可派。"

祖逖眉头深锁，终于长叹一声，将放在一旁的宝剑拿起，缓缓抽出，剑刃在烛光下摇曳出几缕青光。剑才抽出一半，祖逖蓦然用力还鞘，抬眼凝视董昭，沉声说道："陛下便是不再增我一兵一卒，祖某也定当北上。"说到这里，祖逖再次起身，至窗前凝望外面无穷夜幕，双拳蓦地相互一击，慨然说道："祖某年过半百，中原之地，仍是贼寇横行，若不能收复中原，死不瞑目！"

2

司马睿带来的三万军虽称锐卒，但在祖逖眼中，还是难以与自己眼下五千劲旅相比，更谈不上北击兵强马壮的石勒，当下屯军谯郡，训卒一年。

这一年也是北方动荡不止的一年。汉主刘聪

于太兴元年（318）七月病逝，其子刘粲即位。不料，顾命大臣司空靳准在八月发动政变，杀死刘粲及在平阳的刘氏皇族。时为相国的刘曜率军从长安赴平阳平乱，石勒也起兵五万攻靳准。刘曜行军至赤壁（今山西河津西北赤石川）时，遇上从平阳逃出的太保呼延晏，后者与太傅朱纪议后，拥刘曜即帝位，改国号为赵。

刘曜诏封石勒为大司马、大将军，加九锡，增封十郡，进爵为赵公。石勒会同举幽、冀之兵的石季龙攻下平阳。当石勒焚平阳宫、收葬刘粲及百余口皇室之人，于太兴二年（319）二月遣左长史王修前往刘曜处报捷时，刘曜却听信王修舍人曹平乐谗言，以为王修名为报捷，实为代石勒刺探自己虚实而来，遂将王修斩首。到三月才返回襄国的石勒得知王修被斩，不由大怒，更以为"彼之基业，皆孤所为"，遂与刘曜结仇。

祖逖等的便是北方生乱。得知石勒和刘曜反目已是四月，祖逖随即升帐，左右两列将领正尚待命，帐外有军士奔入，单膝一跪，拱手说道："禀报将军，刚得前方来讯，陈川带领一支亲兵，在浚仪（今河南开封）投降石勒了。"

祖逖双眉一竖，说道："可知蓬陂现今如何？"

军士答道："蓬陂目前由陈川旧部把守。"

命军士退出之后，祖逖眼望众将，低声说道："陈川投降石勒，必然献出蓬陂，我军至蓬陂，路长四百余里，石勒渡河即到。今日是与石勒交锋之时了！传我将令，备好粮草军械，十日后出征！"

众将齐声应命。

十日之后，祖逖留下五千军守城，亲点三万大军前往蓬陂。

蓬陂北临黄河，乃是至为重要的战略据点，若得蓬陂，则可西望洛阳。石勒大军虽在北，而一旦祖逖进据蓬陂，就不得不改南守为南征。此时北方晋军势力不少，石勒若兵锋南下，北方必然生变。

五日后，大军到达浚仪。

浚仪与蓬陂相连，乃陈川经营日久之地，北依黄河，地理位置极为重要。

祖逖在城外四十里处下令扎营，同时命卫策前去打探军情。

卫策率一千军刚走十里，见前面尘埃四起，显是大军行进。

果然，烟尘中只见对面兵士均身披黑甲滚滚而来，擎起的军旗中除了"赵""刘"之外，中间飘得最高的一面旗上，绣着一个斗大的"石"字。

卫策暗吃一惊，心知"石"字旗下，必是石季龙。探马回报，对面少说有四万人列阵前行，卫策即率军而退。

祖逖闻报，不及扎稳营帐，下令全军列好阵势迎敌。新增江东军为左右两翼，中间则是跟随自己日久的五千军士。

石季龙远远看见祖逖阵势，下令全军分三路展开攻击，左右各八员大将当先冲阵。尤其右军领头之将，乃石勒手下悍将桃豹。自十五年前，石勒在荡阴战役后起事，以十八骑开始其野心勃勃的征战生涯，桃豹便是当时的十八骑之一。十余年来，桃豹跟随石勒南征北战，立下赫赫战功，勇猛不输石季龙。今日桃豹跟随石季龙对阵祖逖，只想立下头功。

祖逖知逢劲敌，手中令旗摇动，五千中军结成八阵图。

石季龙虽身经百战，却没见识过八阵图，见祖逖军力只及自己一半，一马当先，口中喊出一个"杀"字，挺枪直取祖逖。

以桃豹为首的左右两路大军也直扑祖逖两翼。桃豹一马当先，尤其悍勇。

祖逖见石季龙从中路迎面而来，也不答话，挺枪接战，三五招一过，虚晃一枪，将石季龙诱入阵中。石季龙陡觉自己前后左右都是祖逖之军，无人与之接战，也无人让避道路，四面八方都是旗帜乱动，枪尖晃眼，跟在身后的部下一个个倒下。石季龙心知阵法厉害，怒喝连连，却是无处突围。

祖逖眼看要困住石季龙，不料两翼军力终究薄弱，被桃豹等十六员大将分别冲击，守护两翼的祖涣、卫策、陈超、桓宣、冯铁、童建、樊雅、冯宠等八人分驻左右，抵挡不住。冯铁部将张铜、周锡劈面遇见桃豹，被后者一声大喝，左右挥刀，当场斩杀。跟在一旁的童建见桃豹瞬间连斩二将，惊得心胆俱裂，拔马便逃。

两翼晋军被汉军冲乱，无法抵挡，尤其童建逃跑，更多军士跟着后撤，顿时一片大乱。

祖逖眼见阵型难守，令全军后撤。

石季龙得以脱阵，他极为凶悍，越知自己死里逃生，越是想一举生擒祖逖，此刻见祖逖退军，举枪一招，令全军追击。

祖逖一路退军四十里，见石季龙穷追不舍，令旗再动，中军八阵图再次成阵，石季龙识得厉害，不敢入阵，终于下命停止追击。此一役，祖逖竟损兵一半。

渡江以来，祖逖还是第一次遭遇兵败。

见石季龙收军，祖逖也即刻下令，退屯梁国（今河南商丘）。

3

众将在梁国屯营之后，来大帐见祖逖。

祖涣、卫策同时出班说道："石季龙倚仗兵多，赢了一仗，末将愿率轻骑五千，偷袭浚仪。"祖逖眼望二人，再看看其他诸将，除童建脸有畏色之外，其余将领脸上，均是愤愤不平。

祖逖缓缓说道："众将奋勇，但石季龙与桃豹乃石勒军中虎将，我军兵疲，不可轻敌。"

冯铁大步上前，拱手说道："我军营帐未扎，对方养精蓄锐，是以输却一阵，末将愿与二位将军轻骑再袭。石季龙一勇之夫，未必料到我们会败后突袭，必获全胜！"

祖逖微微一笑，说道："胜败乃兵家常事，现军力甚疲，偷袭之举，不可再提。石季龙素来恃胜而骄，且待浚仪有变，再提进军之策。"说罢，祖逖令诸将各自回营，清点剩余士卒。

诸将走出大帐，冯铁忍不住说道："我等跟随豫州渡江，从未一败，今日不过小小挫折，豫州怎么就胆怯了？"

卫策等人闻言不语，内心均觉冯铁所言，正说出自己所想。

祖涣在旁，也忍不住道："连我也不明我爹，都说石季龙世之勇将，我可还未与他交锋！"

董昭在旁，不疾不徐地说道："我等既追随豫州，便必遵豫州之令，如何背后说自军主将？豫州已然下令，清点阵亡士卒，都奉令而行便可。"说罢，董昭率先走向自己营帐，众人还是心有不甘，却又无可奈何，各自回营。

再过数日，前往浚仪的探子回来报讯，石季龙奉石勒之命，将豫州大肆洗劫一番后，率陈川及其部下前往襄国，留下桃豹据守蓬陂。

祖逖闻报，下令全军起兵，却不是北上击桃豹，而是继续南下，同时命人放出风声，俱言有畏桃豹之意。众将大是不解，议论纷纷，均言豫州大人如何一败之后，敌军未进，自己如何又主动南撤？岂不是让出千辛万苦打下的河南郡之地？

祖逖听到众将议论，不动声色，率军退至有"中州咽喉，江南屏障"之称的淮南（今安徽寿县）。该城是祖逖渡江后翌年打下的一处要地。石勒见祖逖远撤，立刻腾出兵力，北击鲜卑及幽州诸郡。到淮南后的祖逖如往常般令军士屯田积粮，竟再也不提北伐。此举连祖约、祖涣也是颇多愤慨，唯董昭神色淡然，不像是退军，倒是在北上收复失地般泰然，祖逖暗暗点头，知自己的以退为进之策，只董昭看出了端倪。

全取蓬陂

1

祖逖在淮南锐意练军之时，江南江北，仍是事出不穷。太兴二年（319）十一月，即祖逖退屯淮南之后半年多，石勒在左长史张敬、右长史张宾、左司马张屈六、右司马程遐等人的劝说下，以河内二十四郡为赵国，称赵王。

祖逖目不稍瞬地注视北方乱势。

太兴三年（320）正月，刘曜击陈仓，进草壁，拔阴密，尽得三地。

早已兄弟阋墙的段匹䃅与段末杯原本鲜卑人，

二人争锋，使部族内乱经年。期间，刘琨在祖逖浚仪兵败后，于次月被段匹磾缢杀。趁刘曜兵击三地之时，段匹磾说动冀州刺史邵续与其联手击败段末杯，随即与弟弟段文鸯分兵进攻蓟城，却使留守厌次的邵续势孤力单，石勒抓住战机，遣石季龙兵围厌次，段匹磾闻讯掉头增援，半路得知邵续出城迎战，已被石季龙生擒，段匹磾部下震骇而散，剩段文鸯率数百亲兵奋力杀入厌次，与邵续之子邵缉、邵续兄长之子邵存、邵竺等人固守城池，石季龙被迫退兵，将邵续解至襄国。

与此同时，被刘曜留守洛阳的尹安、宋始、宋恕、赵镇见石勒势大，献上降书，不料石勒派大将石生往洛阳受降之时，尹安等四将又反叛石勒，向司州刺史李矩投降。李矩命人通告颍川太守郭默，后者引兵进入洛阳。河南之民，尽附李矩，洛阳日益凋敝。

厌次激战方酣时，江东吏部郎刘胤急匆匆来见司马睿，叩首说道："如今北方藩镇，只余邵续，若被石季龙所灭，北方义士再无可望之旗，陛下归本之路也断，请陛下发兵救援邵续。"

司马睿闻奏，先看了看身边的大将军王敦。王敦眯着眼，不置可否。司马睿只得摇头说道："江东之军，只可沿江防卫，朝廷实无军力可援。"

刘胤叩头不止，"洛阳乃先帝之都，陛下不可放弃啊。"

司马睿叹息一声，走到刘胤身前，弯腰拍抚刘胤之肩，忽低声说道："速告祖卿。"

2

此时祖逖，正在淮南升帐。所部将领站立左右。

看了看两边将领，全身披挂的祖逖慨声说道："众将之心，祖某如何不知？一年前，我军败于浚仪，区区一败，岂能令我军一蹶不振？一年屯田，我军粮草已足，现北方之势，石勒与刘曜对抗，段匹磾与石勒对抗，收复河南郡，一役可定！卫策、韩潜听令！"

众将听得祖逖之言，终于可以北上，无不振奋。

卫策和韩潜出列拱手："末将在！"

祖逖沉声说道："我命你们为前部先锋，统军一万，直往蓬陂。其余诸将，随我大军齐出！"

翌日，祖逖三军尽出。此次出兵，与七年前击楫渡江时已大不相同。当时渡江，祖逖只有六百部曲，今日兵出淮南，则是两万五千名日日严训的劲卒。

蓬陂守将仍是桃豹。

对石勒来说，北方各种势力崛起，秦、陇氏、羌人等武装纷起，尤以段匹磾、慕容廆为首的鲜卑人，忠于晋室，剽悍善战，更是劲敌。自己大军既无暇南征，便得守住蓬陂这个咽喉之地，桃豹是自己得力之将，将蓬陂交其镇守，自是放心。一年来，河南郡内的赵固、上官巳、李矩、郭默等晋将多次攻击蓬陂，均被桃豹杀败。

没有任何人能料到，祖逖会卷土重来。

以卫策、韩潜为首的一万先锋甫离淮南，便疾如雷霆，挥师直进。当日浚仪之战时，韩潜副将张铜、周锡阵亡，祖逖将冯宠拨给韩潜。今番出征，冯宠自也跟随。他原本是从陈川处投降过来，对蓬陂地形了如指掌，此次一马当先，充当向导。

桃豹一年内连败晋将，早不把晋军放在眼内。

当夜桃豹正在饮酒，陡闻得城外杀声震天，急起身而出，提刀上马。

早有守城军士来报，城外晋军杀来。

桃豹倒也并不惊慌，急调军士，自己亲自前往城门。

石勒得蓬陂之前，此处是陈川多年经营之地，占地极广，将蓬陂分为西台与东台。桃豹此刻人在西台。到得城头，见城外晋军如潮，箭如飞蝗般射向城内。桃豹极为悍勇，当即下令开城迎战。

城外晋将乃是卫策。

见桃豹率军出城，卫策挺枪上前迎战。

桃豹见卫策年轻，哪里放在心上？与卫策交锋数合，就觉对方枪法甚乱，不料，刚寻到对方破绽，卫策已拔马而走。

桃豹嘿嘿冷笑，"虎须你也敢捻，真是活得不耐烦了！"

卫策横枪答道："你追上试试，我前方已然设伏。"说罢，拔马又走。

桃豹怒道:"老子纵横天下,什么样的埋伏没见过? 纳命来!"拍马来追。

卫策见桃豹走近,挺枪又接几招,拔马又走。每次一走,便说自己前面有埋伏。桃豹被卫策激得怒火万丈,不觉间竟被卫策引到城外三十里处。

卫策再次站住,与桃豹交锋。

桃豹身后军士忽然一阵惊呼:"桃将军,东台失火了!"

桃豹闻言一惊,一刀逼开卫策,回头看去,果见蓬陂东台火焰冲天。

卫策哈哈笑道:"我早说有埋伏,你如何不信? 来来来,我们再战三百回合。"

桃豹见东台已失,知自己中了调虎离山之计,哪里还敢恋战,厉声大喊:"回军!"

卫策见桃豹奔回,驱师追赶。桃豹东台丢失,心慌意乱,只怕西台也失,拼命回军,身后无数军士为卫策所俘。

3

第二日，祖逖大军赶到，进入东台。

见一夜间攻克一半蓬陂，祖逖大喜，询问之下，才知是冯宠献策，由卫策引开桃豹，自己则利用地形，与韩潜出其不意从小路杀入东台，一举夺下。祖逖即刻重赏冯宠，对卫策和韩潜也予以赏赐。三军气势大盛。

桃豹见丢失东台，深恐石勒降罪，率军来夺。

祖逖帐下将领都想与桃豹一战，不料桃豹着实凶狠，祖逖部下无一人能击败桃豹。桃豹却也无计拿下东台。两军同城对垒，竟是斗了个旗鼓相当。

祖逖对众将说道："北伐以来，我军始终困于粮草。今番粮草充足，桃豹粮草则多数屯于东台，被我所获。西台粮少，正是全取蓬陂之时。"当即下令，命祖约、祖涣、卫策勒兵西台，断其粮草之路，定下围困之策。

西台粮草日少，桃豹极为忧虑，想要夺回东台，却是军力不够，祖逖亲自守护，哪里会给桃豹留下偷袭破绽？转眼便是一个多月过去，桃豹一边命人北上襄国，向石勒求助，一边命人观察祖逖东台之势。

数日后，军士来报，祖逖军粮从南而来，只千余人运送，可夺其军粮。

桃豹闻言，立刻便想亲自前往劫粮，又想起当时祖逖的调虎离山之计，弄得自己丢失东台，若再中祖逖之计，西台难守，便是自己逃得性命，也难逃石勒军法。当即命部将裴霸率兵夺粮。

未过半日，裴霸率军返回，果然夺得祖逖军粮。

桃豹见裴霸如此快就夺粮而回，惊喜非常，即刻亲自来看，却见裴霸夺回的粮草只区区十囊，不禁诧异说道："就这么一点？"裴霸老老实实答道："祖逖行军太快，末将赶到时，祖逖一千余囊粮草已经送抵东台，路上见数十运粮晋军在路边歇息，便夺了过来。"

桃豹颇为扫兴，当即命人将这十囊军粮分与将士。

不料分粮之后，一阵惊慌之气反在桃豹全营弥漫，原来桃豹军士见祖逖军粮尽是南方成熟大米，显是餐餐皆饱，自己每日能食的不过剩余米糠，想起祖逖兵精粮足，全军惊骇。

却说晋军帐中，祖逖对诸将微笑说道："今日董昭所运不过千囊碎土，让桃豹夺走十囊军粮，便是使得他知我军粮充足，彼军必然心乱，全取蓬陂，只在十日之内！"

卫策上前说道："末将探得讯息，石勒命刘夜堂运粮，后日将抵蓬陂。"

祖逖抬头一笑，说道："石勒不送粮，倒还可逼使桃豹破釜沉舟，拼死一战，如今只送粮，便是无援军可遣，若劫此军粮，桃豹大军必乱！"说罢，祖逖转向冯宠，说道："刘夜堂渡河往西台，大路为何？小路为何？"

冯宠上前说道："大路为我军封堵，刘夜堂只余汴水可走。"

祖逖眉头一展，随即下令道："祖涣、卫策！我命你二人明日起，轮番西台挑战，吸引其注意；韩潜、冯铁！我命你二人与冯宠率军一万，五更出发，于汴水设伏，夺其粮草！桃豹军士气已无，斩刘夜堂与桃豹者，便是此役头功！"

众将齐声遵令，一股振奋之气充溢全营。

4

自接到桃豹失东台的战报之后，石勒大是震怒，想要增援桃豹，却架不住此时下邳、凉州等数地征战甚急，兵力捉襟见肘，只命大将刘夜堂前去运粮。

韩潜、冯铁带同冯宠，前往汴水设伏。

蓬陂能成南北战略要地，便是有经荥阳、中牟、陈留、杞县等地而过的汴水。

冯宠极熟地形。一万人马悄悄抵达汴水后，冯宠建议韩潜、冯铁兵分两路，分别于岸边后二十里处设伏。

一连两日，大军偃旗息鼓，只等刘夜堂运粮而至。

果然，伏兵两日后的深夜，汴水上一片喧哗。

埋伏的晋军诧异万分，火把映照下，见沿汴水而来的竟是一千头毛驴。

每头驴背上都驮着鼓囊囊的粮草。

刘夜堂一马当先，看其阵势，护送粮草的军队不过三千余人。

看看刘夜堂进入埋伏圈，冯宠令旗一展，手下的百面战鼓陡然擂响。

刘夜堂方自一愣，左右已出现无数晋军。火光中韩潜、冯铁两骑左右来攻，万余晋军同声大喊："刘夜堂下马受降！"

刘夜堂见形势危急，下令军士团团守住驴队，大喝一声，催马来战冯铁。

四面八方涌来的晋军一边将火把朝驴队扔去，一边喊声大震。

那些毛驴惊得四散乱跑，死伤无数，背上的粮草也掉落在地。

刘夜堂见粮草难以保住，心一横，奋力与冯铁交锋，在其身后，韩潜也催马夹攻。刘夜堂眼见自己军士死伤无数，粮草满地都是，心知大势已去，蓦然大喝一声，手中长枪荡开冯铁和韩潜的两杆长矛，掉转枪尖，朝自己胸口刺去，顿时死于马下。转眼之间，三千赵军溃不成军，弃戈投降者一千有余。

冯铁和韩潜环顾战场，哈哈大笑。

韩潜说道："今夜全胜，我们即刻赶回复命，将这些驴子也赶回去。"

冯铁问道："要这些驴子干嘛？"

韩潜笑道："回去后必三军有赏，用驴肉下酒，可是很久未尝过的滋味了。"

冯铁仰头大笑。

二人汇合冯宠，一声令下，全军将尚余的数百毛驴尽数往东台驱赶。

5

祖逖闻得捷报，亲自率众将出帐相迎。果如韩潜所言，"赏不逾日"的祖逖下令三军宰驴庆功。东台当夜一片欢腾。

翌日方晨，祖逖升帐说道："今日众将随我，一战克西台！"

诸将领命，祖逖率大军东出城门，绕至蓬陂南门，尚未抵达城门，只见眼前西台，冷冷清清犹如空城。祖逖微微一怔，随即催马直奔城门。此时城门大开，城内一些百姓正自探头观望，忽见城外大军旗帜上写着"晋"字和"祖"字，顿时有人大喊，"是朝廷之军！朝廷之军！"随着这声大喊，从城内顿时涌出无数百姓。祖逖赶紧下马，迎上前去。一老人拄杖上前，看着祖逖，竟是双眼流泪，说道："终于看见王师了！终于看见王师了！"

祖逖大是感动，上前问道："敢问老人家，这西台贼军何在？"

那老人一边抹泪一边说道："桃豹昨晚匆匆率人离开了。"

又有人上前说道："小人听说，桃豹是逃往东燕城（今河南延津东北）了。"

祖逖看着身边越聚越多的百姓，大为激动，再次上马，双手抱拳，对身周百姓说道："祖逖今日收复蓬陂，便不会再让贼军凌辱中原百姓！"

众百姓一阵狂呼，祖逖身后将领和军士也纷纷举矛，齐声大喊："收复蓬陂！收复蓬陂！"

河南归心

1

入城安民休军三日后，祖逖升帐。

见众将脸上无不有踊跃之色，祖逖手执令箭，沉声说道："韩潜听令！"

韩潜闪身出列，拱手道："末将在！"

祖逖令道："桃豹遁往东燕城，已是穷寇，今命你率精兵五千，进屯封丘，再逼桃豹！"

韩潜接过令箭，领命而下。

祖逖又拿起第二支令箭，继续道："冯铁听令！"

祖逖给他的命令是督军一万，镇守东西二台。

冯铁高声说道："冯铁在，蓬陂二台便在！"

众将见刚立大功的韩潜、冯铁又领军令，只想争先。却见祖逖一支支令箭紧接发出，命祖涣、卫策、童建、樊雅、冯宠等分别领军，进击蓬陂左右的桃豹残余。众将俱各振奋，上前领命。

最后一支令箭，祖逖命董昭随自己进兵蓬陂百里外的雍丘（今河南杞县）驻扎，与各军连成一线，既能互相支援，又能分别击敌。

除冯铁就地据守之外，各将均带队离开。

蓬陂百姓不舍，纷纷前来送军。

祖逖在马上高声说道："中原父老，祖某如今便是要北阻贼军，平定河南全郡。"

一老人走至祖逖马前，举起一碗酒说道："王师终至，数日来，我们都闻大人之德，请大人饮毕此酒再行出军，尽数收复晋地。"

祖逖胸口热血翻涌，翻身下马，接过碗说道："此酒乃中原父老之酒，祖逖岂敢推却？"说罢仰头饮尽，说道："河北贼军未灭，祖逖当记中原父老之言！"然后翻身上马，率先而动，身后大军随

祖逖准备率军收复河南，百姓纷纷前来送行。

之出城。

2

雍丘距蓬陂东南一百余里，自古便有"中原粮仓"之名。祖逖勒兵前往，便是欲亲督粮草。

祖逖和董昭率三千军士，大军逶迤在从蓬陂往雍丘的路上。

时方七月，正是盛夏之时，两人策马走在兵马前面，两边尽是荒芜田野，远处青山隐隐，近处高树叶繁，偶有鸟声啁啾，除了这支行进大军，四下里一片寂静。祖逖眼望长天，手中马鞭指指左右，对董昭说道："若是太平时日，此时正该是农人耕忙之时，如今所见却是百里无人，想我中原百姓是何等凄惨！"

董昭说道："将军收复蓬陂，便是百姓引颈翘望之事。北伐之业，已完成不少。"

祖逖沉默片刻，忽然说道："董督护随我渡江至今，可记得已有几载？"

董昭胸前屈指，答道："建兴元年（313）渡江，如今太兴三年（320），已有七载了。"

祖逖眼望前方，过了半晌抚起胸前长髯，叹道："如今须发斑白，黄河尚且未渡，真不知上天还能予我多少年岁！"

董昭见祖逖心事涌动，说道："豫州正值壮年，必有北渡黄河，扫灭石勒之时！"

祖逖沉思片刻，皱着的眉头陡然一舒，马鞭凭空"啪"地一声抽响，说道："不错！祖某毕生之志，岂可因惧流年而退！"

这时一阵风吹过，祖逖与董昭同时闻得空中吹来一股臭味。

祖逖勒住马匹，举手命大军停下，左右一望，田野空荡无人，只一群乌鸦扑棱棱飞起和落下。那股臭味在风中显得愈加浓厚。

祖逖刚刚涌起的振奋之情不觉消失，脸色凝重，翻身下马。

董昭和他们身后的五十骑亲随也一齐下马，跟着祖逖往田野步行而去。

走得百余步，见眼前田野上布满十几个大坑，里面俱是堆叠的腐烂尸首，看尚存尸衣，俱是当地百姓。

祖逖在一坑边站立。他戎马七载，见过的尸首已不计其数，却绝少见如此密集大坑，里面堆满平民尸首。

祖逖脸色凝重，手中的拳头不觉握紧。

董昭在旁，心内也是恻然，悲声说道："此处如何如此多的尸首？"话一说完，随即醒悟，这些平民自是经石勒锋刃，无辜丧命之人。

祖逖再次眼望长空，此时碧空如洗，显得极其祥和，田野却如地狱般令人恐惧。

一只乌鸦又盘空而来，哇哇直叫。

祖逖也不转身，只沉声说道："督护速去传令，大军在此，将百姓尽数掩埋。"

三千军士一齐动手，过得两个时辰，所有尸首已埋好。

祖逖祭奠之后，再次上马，回头看着数百座隆起的坟头，眼中欲泪，只说一句，"哀我黎民！"只觉胸口绞痛，伸手按去，一声咳嗽后，竟然吐出一口鲜血。

董昭大惊，急声说道："将军身体有恙？"

祖逖不答，抬手将嘴角血迹抹去，再凝神看过坟头一眼，陡然将马鞭往马臀上抽去，喝道："大军加速，日落前务必抵达雍丘！"

3

到达雍丘之后，祖逖随即下令，全军再次卸甲屯田。如今蓬陂在握，只等众将扫清桃豹残余，黄河南岸便都在晋军之手了。

只过半月，除了南下前往新蔡的童建尚未传来消息之外，其余祖涣、卫策、韩潜等人都纷纷呈上捷报，十余处赵军城镇都投入祖逖部下，尤其韩潜，兵进封丘之后，桃豹全军士气全无，不敢交战，偃旗息鼓，退回襄国。

黄河南岸，再无石勒赵军。

某日刚刚入夜，祖逖正独自在府宅后院磨剑。

董昭匆匆进来。他一边走就一边急道："刚得讯息，上官巳与李矩打起来了。"

祖逖一怔，插剑入鞘，站起身来说道："他们如何打起来了？"说完，祖逖也不等董昭回答，叹息道："将士们千辛万苦才推进至此，可河南郡内的各个势力仍是彼此不服啊。且进房说话。"

二人进房，祖逖将军事图展开，说道："如今郡内颍川太守郭默屯兵阳翟（今河南禹州），"他一边说，一边将手指在地图上弯弯曲曲地移动，"这里有司州刺史李矩，此处有弘农太守尹安，上官巳在此，各自拥兵，"祖逖抬头看着董昭续道："当年渡江之时，我心中所想，是联系北地各军同心协力破敌复土，后见各地刺史，虽抗石勒，却将精力更多用于争地，如今石勒退出黄河以南，他们也就急于各自扩地了。"说罢长叹一声。

董昭想了想，说道："如今陛下封大人为镇西将军，督统河南，将军不如以令震之，若不接令，便可逐个击破！"

祖逖凝视地图片刻，然后摇头说道："司州刺史李矩曾随梁王司马肜平齐万年叛乱，封东明亭侯，后护先帝（晋愍帝）有功，拜荥阳太守，我军屯淮南时，他又屡次击败刘聪与石勒之军，若他心无忠义，断不如此！"说到这里，祖逖手指又移到上官巳屯兵之地，续道："八王之乱开始之时，上官巳曾与我同在长沙王军中效力，荡阴之战，也与我并肩杀敌，我知他为人。不如这样，"祖逖抬头凝视董昭，"待我修书两封，董督护亲自送往。大义之前，祸福之间，料想他二人会听从调度。"

说罢，祖逖即取笔挥书，写毕后交予董昭，说道："董督护此行重大，多加小心！若得诸镇同心，三年之内便可扫清冀朔！"

4

又过半月，董昭返回雍丘。

一见祖逖，董昭脸现喜悦之色，上前说道："果然如豫州所料，上官巳、李矩接信之后，都已退兵，他二人俱有回信在此。"说罢，从怀中取出两封书信，递与祖逖。

祖逖展信一阅，微笑道："上官巳和李矩二将不仅退兵，且都愿服我军调度。"

自此之后，河南郡内的各地晋军和坞主纷纷献书臣服。祖逖声威日震。

又过不久，曾属当年张平部下的坞主董瞻派心腹张献来见祖逖，呈上密函。

祖逖接过展阅，对张献冷冷说道："张平亡后，董坞主被迫将儿子送往襄国为质，如今又惧我军，来问策于我了？"

张献涨红了脸，低头拱手说道："将军名震河南，我主人久怀归顺之意，可若是归顺，少坞主又性命难保，实是左右为难。"

祖逖站起身来，来回走得几步，转身面对张献说道："祖某之敌乃河北石勒，绝非中原汉民。你去回报董坞主，祖某近日遣军，假意攻你坞堡，以示你堡并未归晋，石勒疑心可除。"

张献闻言惊喜，赶紧说道："小人谢过将军。"

祖逖不答，只凝视对方。

张献猛然醒悟，又赶紧说道："将军可放心，河北有何军情动向，我主人定当密告。"

祖逖又再落座，微微点头，"你且回去禀告，董坞主久在河南，其他各堡有类似之况，可让坞主知会各处，我军佯攻，各坞堡佯守，给石勒多演几场好戏！"

张献躬身说道："河南之地，俱是汉人，有将军在，河南无忧了。"

　　果然，张献回去之后，祖逖即命卫策进攻董瞻，双方真枪假战，打了个平手后，卫策似是无计可施，勒军重回驻地。石勒也不疑董瞻等坞主已暗中投降祖逖，每次石勒出兵，祖逖均能事先得讯，次次取得主动。一连输过几战之后，石勒终于不敢兵窥河南了。

养精蓄锐

1

秋日来临，祖逖全军将士都在田野收割庄稼。

眼前只见稻穗翻滚，数千人在田中弯腰劳作，一派丰收之气。

祖逖看得兴起，对董昭说道："我们也去帮忙。"

众人下马，随祖逖一起走向田间。

田中的军士与农人见祖逖亲来，发出一阵欢呼。

祖逖不欲众人因己而乱，微笑摆手，从一农人手中接过镰刀，割了起来。

眼见到了午时，董昭擦汗说道："不如暂歇，先去吃些酒肉再来。"

旁边有一青年农人听得董昭之言，大起胆子过来，对祖逖说道："将军，今日恰好百姓心感大人之德而欢聚，小人斗胆请大人与民一饮。"

祖逖笑道："甚好！今日兵戈暂息，自当与诸公同饮。"

那农人大喜，当即率先带路，将祖逖等人带至一巨大茅室，里面已有百姓围坐，少说也有四五十人。

青年农人带祖逖进室，喜声说道："诸位父老兄弟！我今日斗胆，将祖将军请了过来与我们一起饮酒！"

众人一听，都站了起来，掌声与呼声一片。

一须发俱白的老者端起酒碗至祖逖身前，竟是热泪盈眶，说道："今日我们相聚，便是因将军而起，难得将军亲临，且听草民一言。"他不待祖逖回答，继续说道："吾等老矣！今日还能得将军这样的父母之官，纵死也将无恨啊！"说着，竟拜将下去。

祖逖赶紧双手扶起，眼望众人，慨声说道："中原大乱，异族横行，黎民受苦日久，今难得干戈平息，愿我中原父老都长久平安！"说罢，祖逖将酒碗高高举起，继续说道："祖逖敬诸位父老！"仰头一饮而尽。

众人齐声喝彩，尽皆举碗饮酒。

祖逖戎马经年，如今难得一闲，与众百姓觥筹交错，三巡之后，坐祖逖身边的那老者俯身过来，说道："农事闲时，百姓做了一歌，敢请将军一听。"

祖逖极是喜悦，点头道："如此甚好！"那老者朝周围挥挥手，只见有十余人离桌而起，走到中间空地，四周之人都以筷在桌沿敲出音阶，那些人随节奏边舞边唱：

> 幸哉遗黎免俘虏，
>
> 三辰既朗遇慈父。
>
> 玄酒忘劳甘瓠脯，
>
> 何以咏恩歌且舞。

百姓感念祖逖恩德，邀祖逖与民同饮，祖逖欣然赴约。

祖逖盘腿坐于地上，眼角慢慢湿润，尤其听到末句之时，暗思自己初时不过欲为晋室收复北方失地，却被百姓视为解救自己的恩德，心头一震之后，暖意盈怀，同时觉得肩头所负，比当年渡江时更为沉重。看着面前载歌载舞的农人，回想自己年轻时所读之书，曾有"得人心乃得天下"之句，此刻方品出其中之意。

眼前的歌舞农人便是这中原人心。

酒饮正酣，门外忽走来一军士，看模样甚为焦急。祖逖尚未起身，董昭已然移步门边。

祖逖见那军士在董昭耳边轻声说了些什么，然后董昭脸带诧色地过来，俯身在祖逖耳边说道："石勒从河北遣使而来，送一人头至府上，可速回府。"

2

看着石勒使者走出门去，祖逖握拳狠狠砸在案上，怒道："如今河南之地，处处归心，童建居然斩新蔡内史周密投降石勒！"

董昭叹息一声，说道："不过，石勒将童建之头送来，乃是向我军示好。童建随将军已久，不意竟是如此惧怕石勒。"

祖逖背手踱步，沉思说道："童建素来惧战，收复蓬陂之后，我将其遣往新蔡，岂料他会杀内史投降。石勒反杀童建，送头而来，督护可信石勒之言？"说罢，祖逖将石勒书信递与董昭。

董昭接信展阅，见上面写道："叛臣逃吏，吾之深仇，将军之恶，犹吾恶也。"他看到这里，合信说道："石勒之言倒是可信。"

祖逖沉声道："如何说？"

董昭答道："石勒虽是异族，祸乱中原，却也不失枭雄本色，对降者颇多鄙视。今童建投降，石勒蔑其为叛臣而将其斩杀，乃是顺性而为。"

祖逖冷冷一笑，说道："督护读完再言。"

董昭再次打开信，逐字逐句读完，不无惊讶地说道："石勒竟然在成皋重修将军母亲之墓，特置两户人守冢，看来石勒震于将军之名，想与河南息兵通好。"他把信又览一遍，眉头微皱，续道："可他提出的通使互市之事，我以为不妥。"

祖逖仰头沉思，摇头说道："不是不妥，是断断不可！他修我母亲之墓，无论何因，都令祖某心感其德，只是这通使互市，乃是欲我放开边境，我若下令通市，便落下不忠朝廷的口实。"祖逖来回走得几步，忽抬头凝视董昭，说道："让其使者空手而归，便是我未允许，也未加拒绝，互市利于百姓，姑且任民所为，我们只作不知便可。"

董昭点头道："此法甚妙！不落口实给朝廷，又能使百姓获益。"

祖逖又沉思片刻，续道："石勒将童建首级送回，祖某岂能欠他？督护去传我令，各军不得接纳赵军降将，更不得凌辱北方之民。如今边境稍得休息，我军可乘机养精蓄锐，多屯粮草。祖某平生之志，乃北渡黄河，扫清冀朔，岂可因石勒小恩便忘！"

董昭极是钦佩，随即前往各处传命，黄河之南，呈现数十年未见的和平之象。尤其南北互市，各地将领佯装不知，竟是让晋民获利十倍于北方，军民尽颂祖逖之德。

此时河南郡各地晋军积草屯粮，厉兵秣马，祖逖令行禁止，无人不遵。

雍丘将陨

1

如今战事虽息，祖逖自己却是不敢懈怠。这日带着董昭和几名亲兵巡视粮仓，见所巡之处，无仓不满。祖逖大是欣慰，对董昭说道："再囤粮一年，便可渡河北上了。"

二人谈起将出兵之事，只觉豪情涌动。

几人刚刚离开粮仓，迎面一人策马而来，几人都认得是祖逖府上军士。见到祖逖，那军士立刻下马走到近前，双手递上一封文书，说道："禀报将军，此乃祖约大人建康来函，说是甚急，小人便赶紧送来。"

祖逖闻得是家书，立刻接过。

自永嘉南渡，祖约被当时尚是琅邪王的司马睿招去当掾属，便一直跟在司马睿左右，后者登晋王位后，升祖约为从事中郎，近年祖逖捷报连连，称帝后的司马睿又擢升祖约为侍中。

祖逖将书信浏览几行，眉头已然微皱。

董昭因祖逖是读家书，不便询问，见祖逖脸色愈加严峻，还是忍不住说道："侍中大人家有何事？"

祖逖折上信函，说道："回府再议。"

董昭心里不觉隐隐涌起不祥之感。

2

果然，董昭的不祥之感得到了证实。

祖约在信中告诉祖逖，日前梁州刺史周访病逝，司马睿在王氏兄弟的掣肘中，终于将湘州刺史甘卓调往梁州镇守，空出的湘州自然也得遣人前往。大将军王敦当即给司马睿上疏，奏请由宣城内史沈充接任。司马睿知沈充原为王敦手下参军，素来巧诡凶狡，因给王敦出谋划策而成其亲信。王敦将沈充命为宣城内史后，一时势倾内外。司马睿在王氏兄弟的步步进逼下，只觉手中皇权在一点点失去。若将湘州交给沈充，这与交给王敦何异？尽管司马睿帝位乃靠王导、王敦等门阀士族拥戴而立，却毕竟已为天子，几年来大权旁落，尤其对王敦，司马睿既畏又恶；王导原本全力辅佐司马睿，如今已日渐权重而骄，乃至江东久有"王与马，共天下"之说。

祖逖抬起头，喃喃说道："臣强帝弱，天子如何不急？"

董昭叹息一声，说道："我想起当年见陛下登基之时，欲让王导御床同坐，已令人颇感不安。如今大将军王敦军权在握，宗族强盛，朝廷显要之位俱在王氏一门，天子引刘隗、刁协二人为心腹，已使大将军心怀不平。这君臣离心，天下又如何能安？"

祖逖缓缓摇头，却是不答，一步步走到墙边，伸手取下宝剑，缓缓抽出，随即痛苦闭眼，用力还剑入鞘，低声说道："外患未息，内乱又至，北伐如何能成？"

董昭嘴唇一动，正想再说什么，陡见祖逖手中长剑落地，手捂胸口，却仍未止住一口鲜血猛然喷出。

"将军！"董昭惊呼一声，急步上前，将祖逖抱住。

3

祖逖卧床后，病情时好时复，一年之后仍未好转。

与祖逖出生入死的诸将如祖涣、卫策、韩潜、冯铁、樊雅、冯宠等人闻得祖逖病重，极欲来探，均还未及动身，已迎到祖逖所遣军士。那些军士携来祖逖严令，各将紧守防地，不得擅离而使石勒有隙可乘。众人悲而受命。

诸将未来雍丘，却另有三人前后而至。

几人均是奉祖逖之命赶来，一人为祖逖已逝长兄祖该之子祖济。自祖该去世，祖逖感念长兄司州督促之德，视祖济为子，如今祖济为汝南太守，随祖济而来的是汝阳太守张敞。在祖济与张敞抵雍丘后次日，接任周密的新蔡内史周闳也赶至雍丘。

三人见祖逖病容憔悴，均是震惊。

祖逖见三人站立床头，也不回答三人对病情的问询，艰难起身，抬起手来，声音虚弱地命董昭把军事地图拿来。

董昭等人吃惊不小。

"将军养好身体要紧啊。"董昭赶紧劝说。

祖逖眼中蓦然闪过一道寒光，声音仍是虚弱得发抖，"且……且听我令！"

董昭内心颤个不停，终于接命而出，片刻后拿来地图。

祖逖长长吐出一口气，似乎将胸口的郁结吐出，然后艰难起身。

祖济、张敞、周闳三人虽与祖逖见面不多，早知祖逖军令如山，如今病重，眼神中仍闪动着不容抗拒的威严。祖济上前将祖逖扶住，扶他起身。

祖逖走至桌前，四人也都围上。

祖逖手指控制不住地发抖，忽然用力将食指

指尖点在图上，抬头看过四人，缓缓说道："我如今重病石勒必已知晓，我恐他渡河南下，且看此处。"说着，祖逖的手指像是忽然变得坚硬，牢牢点住武牢城，续道："此城北临黄河，西接成皋，位置显要却无坚垒。我命你们过来，便是今日始，率众筑垒，以防北敌。"

"将军……"董昭不禁喊出声来，泪水无可抑制，陡然涌出眼眶。

祖逖似没看见董昭流泪，眼望地图，声音低沉地说道："你们……不接令吗？"

祖济也流下眼泪，拱手说道："祖济接令！"

几人均对祖逖拱手低声道："接令！"

4

十余日后，已至八月下旬。祖逖感觉身体似乎略有恢复。

这日起床之后，慢慢挪步至门前，见大树叶黄，掉落不少，迎面之风已有刺骨寒意，不觉感叹起来。

跨步出门，来回走得百十步，返身进内，令随身军士备好马匹。

那军士吓了一跳，说道："大人元气未复……"

祖逖目光一瞪，那军士不敢多言，即刻出门备马。

祖逖一连上了两次，竟没跨上马鞍，心中恼怒，奋然一吼，终于跨将上去，转头对那军士说道："与我同往武牢城！"

军士再次惊骇，却见祖逖目光威严，不敢多言，怕自己一人照顾不了，又赶紧招来府中军士，一行十余人，正欲策马而往，却见董昭急匆匆驰马而来。

祖逖勒马说道："督护如何回来了？"

董昭惊讶说道："将军病体未愈，岂可出门？"

祖逖颇为不耐，说道："今日觉身体甚好，想去武牢城看看。"

董昭赶紧摇手说道："将军不可亲往，我正欲来报武牢城情形。"

几人回转之后，祖逖即刻问城池情况。

董昭告知自己与祖济等人均亲在城中运石，督民筑垒，只是垒建速度不快，深恐祖逖担心，是以赶回先行禀报。

祖逖如何不知欲速则不达的道理？闻得垒建速度不快，一阵心忧，伸手按胸，又是猛力一阵咳嗽。董昭见祖逖像是硬生生吞下一口欲吐之血，赶紧起身，想替祖逖揉胸。他刚一走近，祖逖却见董昭衣袖内藏得一信，一边咳嗽，一边指指董昭衣袖，勉力问道："此是何物？"

董昭脸色遽白，紧张说道："此乃、乃、乃我家书。"

祖逖猛然站起，哑声说道："你家中已无人，何来家书？可是军情？"

董昭见祖逖脸色大变，心知隐瞒不住，迟疑一下，将信拿出，低声说道："此乃祖约大人信函，我担心……"

祖逖大怒，精神竟随怒气而振作，伸手接过，迅速展阅。

祖约此信甚短，告知司马睿将以尚书仆射戴渊为征西将军，都督司、兖、豫、并、雍、冀六州诸军事、司州刺史，坐镇合肥。

祖逖手指一松，任信函落地，喃喃说道："当年渡江之时，陛下不给一兵一卒，我仅靠数百部曲与强敌鏖战，如今风霜八载，终剪去荆棘，收复河南全境，朝廷竟使尚书仆射都督六州，坐享我军千辛万苦而得的局势，陛下……陛下对我竟如此不信任！"

董昭半晌不语。他心中感受，如何不是祖逖所感？戴渊虽是江东有才望之士，却从未渡江破敌，实无寸功于江北，河南如今局势蒸蒸日上，都是祖逖率部一刀一枪拼来的。戴渊不费吹灰之力即得统御大权，如何令人甘心？

祖逖缓步走到门边，看着门外，又一阵风起，院内的大树竟掉下一阵落叶。

董昭见祖逖神情有异，颇为担心，走上前来，只听祖逖喃喃说道："今年秋天来得太快了！"

董昭犹豫说道："侍中在信中写得清楚，陛下除了任命戴渊都督六州，还任命刘隗为镇北将军，都督青、徐、幽、平四州军事，坐镇淮阴。陛下如此，明为命戴渊和刘隗征讨石勒，实则是防备大将军王敦。"

祖逖抬眼望天，仍像是自言自语地说道："防备王敦、防备王敦……陛下是防备所有非亲信的带兵之将啊，我这一腔之血、一腔之血……"话未说完，祖逖只觉一股忧愤从胸口迸发，再也无可忍耐，一口鲜血狂喷而出。

5

时进九月，天气日寒。

祖逖在病床中睁眼，见董昭、祖济、张敞三人在侧，嘴唇一动，竟没说出话来。

祖济眼中盈泪，俯身下去，低声道："叔父……"

祖逖终于说出声来，"你们如何……如何在此？"

董昭赶紧说道："得知大人三日未醒，我们忧心如焚，便回来看看，武牢城有周闳大人监管，将军宽心。"

祖逖微微点头，又艰难说道："不可因我……而废国家大事！"

几人闻言，不觉流涕。

当夜，祖逖喝碗汤药，又是几声咳嗽，连药带血一起咳了出来。

祖济等人不由一阵手忙脚乱。

祖逖缓缓说道："扶我……出门看看。"

几人面面相觑片刻，终是不忍违祖逖之意，将祖逖扶起，再以厚衣裹住。

到得门外，祖逖抬头见天空一颗赤星摇摇欲坠，嘴唇一动，喃喃说道："此乃妖星，为我而来。"凝视中见那星片刻后沉落，祖逖蓦然一声大喊："欲扫河北，天却杀我，此乃不祐国啊！"喊声未毕，终于站立不稳，猝然倒下。

祖济等人连声大喊："将军！将军！"却见祖逖双眼紧闭，再也不能睁开。

众人将祖逖抬至床上，见祖逖已声息虚弱，再无药石可以回天。

三日后，祖济几人眼见祖逖在昏迷中吐出最后一口气息，忍不住号啕出声。

祖逖有感壮志难酬，不禁心情激愤。

6

当祖逖的死讯传出，整座雍丘城被哭声充满。

四处挂满白绫的祖逖府上，接到朝廷降旨，追赠祖逖为车骑将军。董昭等人咬牙切齿，却是无可奈何。戴渊从合肥派人前来吊唁，竟被祖济怒而挡在门外。董昭终是觉得不妥，劝说后才让戴渊之人进府。

棺停三日，祖济等人将祖逖下葬，三军缟素，无人不悲。抬棺穿城之时，全城百姓都出门跪地相送，尽是哭声一片。

墓地一排排军士，白衣白甲，早伏地相迎，数日前已闻讯而来的祖涣、卫策、韩潜、冯铁、樊雅、冯宠、桓宣和祖济、董昭、张敞等十人扶柩，将祖逖棺椁徐徐放入墓穴之中。其时狂风大起，无穷尽的落叶在方圆百里漫空横飞。

一铲铲沙土终于将墓坑填平。

忽然之间，众人似是听到天空传来一声凄凉长喉，同时抬头去看，只见长空暗淡，一层层乌云翻滚，人在白日，却感黑夜正提前降临。大风陡然再起，一阵飞沙走石间，众人不自觉以手掩面，唯墓前矗立的一尊石像，尚自昂首挺胸，跃马挥剑，似是欲朝自己天地间的未竟之业奔驰而去！

祖逖
生平简表

●◎晋武帝泰始二年（266）

祖逖出生于范阳遒县。

●◎太康十年（289）

祖逖与刘琨同为司州主簿。

●◎晋太熙元年（290）

四月二十日，晋武帝司马炎崩，同日司马衷继位，为晋惠帝。祖逖忧心国事，与刘琨闻鸡起舞。

●◎晋惠帝元康元年（291）

八王之乱爆发。祖逖先后效力于齐王司马冏、长沙王司马义、豫章王司马炽。

●◎永兴元年（304）

七月，祖逖随惠帝北征，荡阴战败，返洛阳后闻母丧，回成皋守孝。

●◎晋怀帝永嘉五年（311）

六月，洛阳陷落。祖逖率亲党数百家南下，至泗口，琅邪王司马睿命其为徐州刺史。

●◎晋愍建兴元年（313）

八月，祖逖渡江北伐，中流击楫。屯驻淮阴，募兵铸器。

●◎晋元帝建武元年（317）

六月，祖逖进军芦州，交战一年，杀坞主张平。

● ◎ 大兴元年（318）

祖逖进据太丘，招降樊雅，取谯郡。

● ◎ 大兴二年（319）

四月，陈川投降石勒，祖逖攻蓬陂，兵败退梁国，再退淮南。

● ◎ 大兴三年（320）

祖逖破桃豹，全取蓬陂，镇雍丘。河南归附。

● ◎ 大兴四年（321）

七月，戴渊都督六州军事，坐享祖逖之功，祖逖忧愤致疾。八月，闻王敦跋扈，知内难将至。九月，卒于雍丘，年五十六岁。